História &
Livro e Leitura

HISTÓRIA & ... REFLEXÕES

André Belo

História & Livro e Leitura

Autêntica
Belo Horizonte
2002

Projeto gráfico da capa
Jairo Alvarenga Fonseca

Coordenadores da coleção
Carla Anastasia
Eduardo Paiva

Editoração eletrônica
Waldênia Alvarenga Santos Ataide

Revisão
Ana Elisa Ribeiro

Belo, André

B583f História & livro e leitura / André Belo .– Belo Horizonte: Autêntica, 2002.

116p. (Coleção História &... Reflexões, 3)

ISBN 85-7526-054-5

1. Livro-história. 2. Leitura-história. I. Título. II. Série.

CDU 002(091)
028(091)

2002

Autêntica Editora
Rua Januária, 437 – Floresta
31110-060 – Belo Horizonte – MG
PABX: (55 31) 3423 3022 – TELEVENDAS: 0800 2831322
www.autenticaeditora.com.br
e-mail: autentica@autenticaeditora.com.br

Aos meus pais.

AGRADECIMENTOS

Este trabalho foi apoiado financeiramente pelo Programa Operacional "Ciência, Tecnologia, Inovação" do 3º Quadro Comunitário de Apoio, administrado pela Fundação para a Ciência e Tecnologia do Ministério da Ciência e Tecnologia (Portugal).

Gostaria de agradecer aos coordenadores desta coleção, Eduardo França Paiva e Carla Maria Junho Anastapsia, pelo convite que me lançaram para escrever este texto. Espero que ele corresponda à confiança depositada. Ao Eduardo mando ainda um abraço pela leitura atenta e plena de sugestões de um primeiro esboço. Agradeço à Emanuela Ferro, da Biblioteca Berio, e ao Paolo Picciotto pela maravilhosa ajuda fotográfica. Grazie! O André Almeida e o Jorge Garcia leram o primeiro capítulo e ajudaram me, respectivamente, a perceber um pouco como funciona um computador e como se edita um livro hoje. O Rui Tavares, a Rita Marquilhas, a Gabriela Pellegrino Soares e a Ana Maria Galvão contribuíram para melhorar diversas partes do texto com perguntas e sugestões que me foram muito úteis e que aos restantes leitores pouparão perplexidades. O mesmo fez a Vale, juntando o amor a um extraordinário sentido crítico.

SUMÁRIO

APRESENTAÇÃO

O livro que você está lendo foi feito da seguinte forma: os meus dedos começaram por pressionar sucessivamente pequenos paralelepípedos de plástico dispostos numa espécie de pequeno tabuleiro. Nesses paralelepípedos estavam representadas cada uma das letras do alfabeto latino, os sinais de pon tuação que nos são familiares, além de números e outros signos. O tabuleiro e as peças de plástico escondiam circuitos elétricos ligados a uma caixa de plástico e metal que continha milhões de microcondutores e transístores. De cada vez que eu pressionava uma dessas peças do tabuleiro, por exemplo a letra "A", a máquina no interior da caixa interpretava esse meu gesto como se eu tocasse um interruptor. O gesto de acionar um "A" – e depois todo o texto que eu ia escrevendo – foi traduzido sob a forma de um código binário, uma linguagem básica em que certas partes do aparelho eram capazes de dar e receber instruções a partir do estado – ligado ou desligado – dos seus diversos componentes. Lendo a ausência de corrente como um 0 e a presença como um 1, a máquina continha informações memorizadas para representar todo o meu texto dentro de si, fazendo gigantescas operações lógicas e aritméticas para o processar. Dessa sua capacidade de cálculo deriva o seu nome: "computador". Sob o comando das instruções que eu dava, pressionando as pequenas peças de plástico ou com um outro acessório lateral do tamanho de um rato, o computador ia também armazenando essa informação num disco magnético, sempre sob a forma binária. Enquanto isso, outro componente

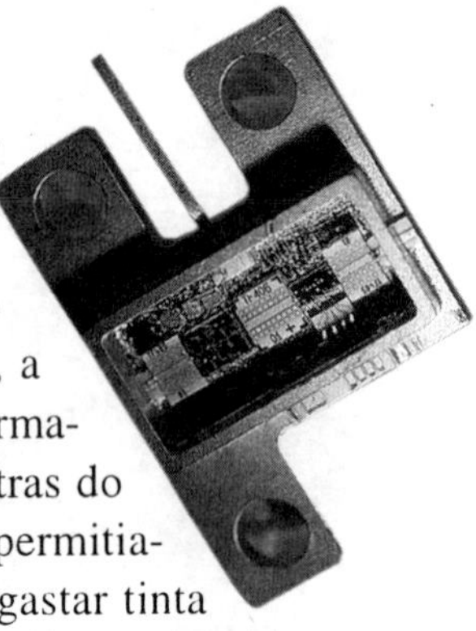

processava a informação necessária para que eu pudesse ver o que estava escrevendo numa imagem projetada, por meio de feixes luminosos, numa tela de vidro exterior, um monitor. Ao fazê-lo, a combinação de 0 e 1 era de novo transformada na letra "A" e em todas as outras letras do alfabeto que eu estava utilizando. Isso permitia-me escrever, ler e corrigir o texto sem gastar tinta nem papel, enquanto todo o processo eletromagnético ocorrido no interior do computador, a uma velocidade praticamente instantânea, me era invisível e incompreensível.

Quando o texto ficou pronto – 180 mil caracteres com espaço, representados em cerca de 1.728.000 dígitos binários (*bits*, na linguagem do computador), por sua vez agregados em cerca de 280.000 caracteres binários (280 *kilobytes*) –, ele foi transmitido por linha telefônica, por meio de outros aparelhos digitais chamados modems, para uma editora situada a milhares de quilômetros de distância, do outro lado do oceano Atlântico, no Brasil. Essa operação de transporte demorou apenas alguns segundos. Na editora, os 280kb de texto foram paginados em computador, revistos e emendados várias vezes, montados em planos e copiados para uma chapa por métodos fotomecânicos, depois impressos em grandes folhas de papel numa máquina impressora capaz de debitar uma folha a cada dois segundos ou menos. No final da impressão, as folhas foram dobradas em cadernos, os quais, por sua vez, foram cortados para formar as páginas e colados a uma capa. Depois que o livro ficou pronto, ele foi distribuído para livrarias e bibliotecas. Numa delas, você comprou ou requisitou o livro, ou o pediu emprestado a alguém, ou teve acesso a ele de outra maneira qualquer, e começou a lê-lo. Para passar das minhas mãos às mãos do leitor, o texto demorou três meses apenas.

Mas se estivéssemos no século XVII, este livro poderia ter sido feito do seguinte modo: com uma pena de ganso regularmente molhada num tinteiro, eu escrevia em cadernos de papel. Tal como no início do século XXI, o texto era emendado à medida que ia sendo escrito, mas dessa vez com riscos, rasuras e recortes, tudo isso feito com a minha caligrafia pessoal. Uma vez terminada a primeira versão do manuscrito, eu encarregava um copista de passá-lo a limpo, sempre com pena de ganso, mas em letra bem legível. Depois disso, o texto era submetido a uma censura prévia, feita por letrados a serviço de poderes civis ou eclesiásticos. A leitura e a aprovação do texto pelos vários censores demoraria alguns meses. Uma vez autorizado, com as emendas e os cortes definidos pelos censores, o manuscrito definitivo ia para uma oficina de tipografia. Aí, um compositor fazia as operações manuais necessárias para transcrever o texto do manuscrito para letra de imprensa, usando caracteres móveis feitos em metal. Letra a letra, ele fazia uma linha de texto, depois outra, até formar uma página dentro de um recipiente de madeira chamado galé. Quando acabasse a composição de diversas páginas como aquela, elas seriam bem-arrumadas e fixadas dentro de uma fôrma com o tamanho de uma folha de imprensa. Dois impressores ocupavam-se então do trabalho do prelo. Um deles passaria tinta negra sobre as páginas de caracteres, colocando-lhes depois por cima uma folha em branco. A fôrma era colocada em seguida debaixo de um prato horizontal, a platina. Nesse momento, o outro impressor acionava uma barra de madeira que, por meio de uma rosca, pressionaria duas vezes a platina contra a fôrma. O texto saía impresso na folha. Seca a tinta, era o mestre impressor, dono da oficina, que voltava a confrontar as páginas impressas com o original manuscrito, para verificar os erros tipográficos. Terminada a correção das provas de uma primeira folha, passava-se à sua impressão definitiva. Liberava-se a fôrma e recomeçava o processo de colocar os caracteres na fôrma para a impressão de uma nova folha. Com os impressores trabalhando arduamente, umas catorze horas por dia, um texto pequeno como este, contendo cerca de 180 mil caracteres, estaria, possivelmente, todo reproduzido em uma ou duas semanas. As folhas do livro, impressas dos dois lados, eram então dobradas e cortadas, dando origem a cadernos formados de páginas, as mesmas que o compositor tinha preparado previamente com caracteres metálicos. Mas era ainda necessário que o texto impresso voltasse a ser visto pelos censores, que verificavam se o livro que tinham aprovado em manuscrito não tinha sofrido alterações na forma impressa. Só depois os cadernos podiam ser costurados entre si e encadernados, provavelmente com uma capa em couro. Se o livro fosse enviado para algum ponto distante do local de impressão, viajando pela Europa ou em direção à América, talvez a encadernação só se fizesse no local de destino, pois o peso dos livros onerava o transporte. Nesse caso, o leitor demoraria ainda várias semanas ou mesmo meses até poder, enfim, começar a lê-lo.

Tipografia do séc. XVIII: o trabalho da composição.

Tipografia do séc. XVII: o trabalho da prensa.

As diferenças entre os dois modos de fazer o livro são evidentes, e ainda mais o seriam se tivéssemos entrado em maiores detalhes. Dessas diferenças nasce uma história. Este livro é uma reflexão em torno da história do livro. Não se trata, porém, de apresentar aqui ao leitor uma descrição de como foi escrito e feito o livro ao longo dos tempos, o que seria muito difícil de fazer por uma pessoa só e em apenas 180 mil caracteres. Trata-se antes de falar do livro como um objeto que tem uma história e de mostrar como essa história tem sido contada pelos historiadores. Começaremos por falar da história do livro na sua relação com uma atualidade marcada pelo aparecimento da edição digital. Depois, no segundo capítulo, faremos um pouco de história da história do livro, vendo como ela se prolongou numa história da leitura e como ela se tornou num terreno de diálogo entre diferentes áreas científicas e acadêmicas. Por fim, no terceiro e último capítulo, veremos como a investigação atual se projeta bem para além das suas fronteiras tradicionais, limitadas ao livro impresso e à história moderna européia, abrangendo diferentes regiões geográficas, cronologias, suportes da escrita e meios de comunicação.

Do livro digital ao livro impresso

Revolução digital e história do livro

A história do livro é um dos campos da pesquisa histórica que mais se desenvolveu nas duas últimas décadas. Sobretudo nas universidades européias e norte-americanas e, mais recentemente, também na América Latina aumentou a investigação, lançaram-se grandes empreendimentos de histórias nacionais do livro, construíram-se bibliografias e bases de dados, desenvolveram-se projetos interdisciplinares, organizaram-se colóquios, nasceram revistas e páginas na Internet, criaram-se centros de pesquisa em história do livro.

O aumento do interesse pela pesquisa nessa área nos últimos anos é contemporâneo a um fenômeno ainda mais importante: a revolução que o computador e, agora, a Internet e outras redes informáticas estão trazendo aos mais diversos domínios de atividade relacionados com o livro, afetando todo o seu circuito tradicional, do processo de escrita à edição, da venda à conservação em bibliotecas, da propriedade intelectual até os modos de ler. Olhemos para o exemplo da produção de um livro: todos os gestos que, desde a invenção de Gutenberg, eram feitos artesanalmente numa mesma tipografia por um pequeno número de operários sofreram alterações radicais nos séculos XIX e XX. Os artesãos foram substituídos pelo trabalho e a força das máquinas e, cada vez mais, pela inteligência do computador. Ao escreverem o texto diretamente em computador, os autores estão fazendo eletronicamente aquilo que os compositores do século XVII faziam alinhando manualmente letras de metal em galés. Nas restantes fases da feitura de um livro, da paginação até à encadernação, ocorre também uma sucessão de processos eletrônicos, fotográficos e mecânicos envolvendo grandes meios técnicos e materiais que muitas vezes se distribuem por vários locais distantes entre si. Para além da tecnologia, a economia, a velocidade, a organização do trabalho, o número de pessoas envolvidas, os espaços físicos em que a produção do livro decorre mudaram radicalmente. Apesar de tudo isso, no fim do circuito que levou este livro do autor ao leitor o objeto que este tem nas mãos para ler continua a parecer-se bastante com o objeto que era produzido no século XVII: um conjunto de cadernos de papel ligados entre si, protegidos por uma capa, contendo um texto impresso a tinta e com um princípio e um fim bem marcados por uma página inicial e uma página final. A industrialização e a informatização dos processos, o barateamento dos materiais, da mão-de-obra, dos custos de transporte e do produto final não alteraram o essencial da forma do objeto que é o livro.

Porém, com a digitalização crescente de textos e imagens, artigos, jornais, revistas ou livros inteiros, o que anteriormente apenas podia ser lido na forma impressa pode agora, complementarmente ou em alternativa, ser lido numa tela de computador, seja pela Internet, em um CD-ROM, ou em outro aparelho que permita a leitura em suporte digital. Com efeito, se for lido numa tela, o texto que o leitor estiver lendo será inevitavelmente lido de uma outra maneira: desaparecem os gestos e as sensações do leitor associados ao manuseio do livro impresso e muda a seqüência da leitura. Em vez de seguirem uma ordem linear, de uma página inicial a uma página final, os capítulos de um livro digital estão relacionados entre si segundo outra lógica, permitindo ao leitor entrar nele a partir de um ponto qualquer a partir do índice. O leitor pode passar de um capítulo do texto para outro por meio de um simples clique de "mouse", e de um texto para outros textos (e imagens e sons) sem sair da mesma tela. Se o texto estiver disponível na Internet, o leitor pode aceder a ele de qualquer ponto que tenha uma ligação à rede mundial de computadores. Por outro lado, em vez de sublinhar e anotar a lápis ou caneta nas margens do texto impresso, o leitor pode intervir diretamente sobre um texto digital, adicionando-lhe comentários, alterando-o, copiando-o por meio de um simples comando para novos documentos, juntando-o, por exemplo, a outros textos sobre o mesmo assunto que foi arquivando no computador. Recurso extraordinário, a pesquisa por palavras permite ao leitor digital percorrer o interior de um livro em busca de uma mesma expressão a uma velocidade que nenhum leitor da era do impresso, por mais rápido que fosse, podia sequer imaginar.

Se as novas possibilidades de leitura na tela permitem novas liberdades de leitura do texto, a generalização do formato digital trouxe também consigo o sentimento difuso de que isso constitui uma ameaça ao formato tradicional do livro. De acordo com esse sentimento, o livro digital poria em risco a sobrevivência do livro impresso, com a sua história de séculos, com a sua importância na transmissão da cultura, com as suas características físicas que aprendemos a amar. Essa inquietação veio juntar-se a uma outra, que já existe há várias décadas, pelo menos no mundo ocidental: a de que existam cada vez menos leitores. Na era da televisão e da cultura de massas, primeiro, e agora do computador, o livro e a leitura estariam perdendo sua influência tradicional, o que teria conseqüências negativas para a aquisição de conhecimentos e para a cultura. É assim, num mundo de rápidas mudanças que provocam receios mais ou menos fundamentados, que uma vasta discussão sobre o futuro do livro está em curso há alguns anos, envolvendo políticos, editores, economistas, bibliotecários, juristas, filósofos, sociólogos e outros interessados no tema. Os historiadores têm participado também desse debate a partir da sua competência própria, relativa ao estudo do passado do livro. Para alguns deles, refletir sobre a história do livro é também uma maneira de refletir, direta ou indiretamente, sobre as mudanças que a tecnologia digital está imprimindo na comunicação entre os indivíduos. Como propõe Roger Chartier, historiador francês cujo trabalho se insere na tradição da revista *Annales* e um dos intelectuais que mais tem escrito sobre esses assuntos, quando observamos outros momentos históricos em que a maneira de escrever, ler e difundir os textos sofreu mudanças, mais ou menos radicais, podemos compreender com maior distância o que se está passando neste momento (Chartier, 1994).

Uma perspectiva histórica permite-nos começar por compreender que a inquietação com o futuro do livro não é um fenômeno novo. O sentimento de que o livro estava ameaçado apareceu pela primeira vez na segunda metade do século XIX, no momento em que, por razões econômicas, culturais e tecnológicas, a leitura dos jornais se popularizou, chegando a novas franjas de leitores que não liam livros habitualmente. Por exemplo, se consultarmos o *Dicionário Bibliográfico Português*, uma vasta obra publicada a partir de 1858 inventariando obras de autores portugueses e brasileiros, podemos ler na introdução que o seu autor se referia à sua época como um tempo em que se ouvia dizer muitas vezes "que o jornal matou o livro" (Silva e Aranha, 2001/1858, vol. I, p. VII). A afirmação, feita num contexto social, editorial e tecnológico bastante diferente do atual, mostra-nos que a "morte do livro" pode ser relativizada: se ela já foi anunciada noutras épocas sem ter acontecido, é possível duvidar também hoje que ela esteja para acontecer. Na verdade, não só o livro não morreu como a sua produção aumentou muito em todo o mundo desde o tempo do *Dicionário Bibliográfico*. Se considerarmos as estatísticas da publicação de livros em todo o mundo, vemos que nos últimos 20/30 anos ela tem registrado um crescimento constante (Petrucci, 2001/1995, p. 434).

Com o receio relativamente à diminuição de leitores, podemos testar o mesmo método: ela pode ser relativizada se estabelecermos uma comparação com o que aconteceu no passado. Foi precisamente o que fizeram Anne-Marie Chartier e Jean Hébrard no início dos anos 1980, quando o debate público sobre aquele tema ganhou, na França, proporções alarmistas. Estudando uma grande quantidade de discursos produzidos sobre a "crise da leitura" entre 1880 e 1980, os autores mostraram como, na história recente daquele país, tinha sido tardia a generalização da idéia de que a leitura era uma prática positiva em si mesma, independentemente do que era lido ou de quem lia (CHARTIER e HÉBRARD, 1995/1989). Pelo contrário, entre a segunda metade do século XIX e a Primeira Guerra Mundial prevaleceu a vontade de controlar a generalização da leitura entre os novos leitores emergentes nessa época, nomeadamente as mulheres, as classes populares e as crianças. Os discursos dominantes insistiram então na idéia de que havia um excesso de livros e de que muitas leituras eram desnecessárias. Ou seja, numa altura em que a alfabetização era menor do que a atual e em que globalmente os franceses liam menos, dizia-se que se lia demais. Hoje, quando há mais leitores e globalmente se lêem mais livros, a tendência é para se dizer que se lê de menos.

Se detectamos essas contradições históricas nos discursos sobre o livro e a leitura, é para mostrar como a questão é mais complicada do que parece e sugerir que ela precisa ser aprofundada. Não se trata de negar as mudanças por que tem passado o estatuto do livro na nossa sociedade. Vários sinais apontam para

Os jornais chegam a novos leitores no fim do século XIX.

uma certa perda da influência do saber transmitido pelo livro, fenômeno que parece ter se acelerado a partir da segunda metade do século XX com o desenvolvimento extraordinário dos meios audiovisuais de comunicação de massa. A inquietação com a crise da leitura na França teve, em parte, confirmação nos inquéritos feitos pelos sociólogos: os jovens universitários franceses, tradicionalmente grandes leitores, estão hoje lendo menos (Chartier e Hébrard, 2000). No entanto, os mesmos sociólogos recusam-se a estabelecer uma oposição linear entre o livro e os audiovisuais, nomeadamente a televisão (Furtado, 2000, p. 250-256). A recente generalização dos computadores pessoais também não se opõe necessariamente ao livro e à leitura. Nos últimos anos, a colocação de inúmeros textos na Internet ou em bases de dados digitais disponíveis em bibliotecas, acessíveis a todos, fez multiplicar as possibilidades de leitura de artigos e obras que estavam esgotados ou eram difíceis de obter na forma impressa. Desse ponto de vista, o formato digital representa mesmo uma nova vida para os textos. Entretanto, se o futuro do livro é incerto, parece cada vez mais claro que anunciar a sua morte é mais um sintoma da incapacidade para compreender bem as mudanças em curso do que um diagnóstico rigoroso do que está acontecendo.[1]

O debate sobre o poder da imprensa

A questão do impacto da invenção e da difusão da tipografia na sociedade européia deu origem, nas duas últimas

[1] Para aprofundar a reflexão sobre o livro e a leitura na atualidade, incluindo capítulos sobre história, consulte-se a obra, além do mais muito rica em bibliografia, de FURTADO, José Afonso. *Os livros e as leituras. Novas ecologias da informação.* Lisboa: Livros e Leituras, 2000. O impacto da Internet sobre a leitura, a escrita e o saber foi abordado de forma muito inovadora num colóquio virtual organizado entre 15 de outubro de 2001 e fins de março de 2002, pela Bibliothèque Publique d'Information (Paris, França). As suas conferências e debates estão disponíveis *online* em *http://www.text-e.org/* (acessado em 2/4/2002).

décadas, a um debate entre os historiadores do livro. Apesar das circunstâncias históricas serem muito diferentes, é possível encontrar afinidades entre essa discussão e a reflexão em torno do futuro do livro na era digital. Vale por isso a pena entrar nela.

O debate sobre a importância da invenção da tipografia nasceu com a publicação da obra *A revolução da cultura impressa* pela historiadora norte-americana Elisabeth Eisenstein (1998/1979). Para a autora, a imprensa foi um instrumento de transformação cultural sem precedentes na história da sociedade ocidental, tendo dado origem a uma revolução nos meios de comunicação na Europa dos séculos XV a XVII. O Humanismo, as Reformas religiosas e o pensamento científico moderno não podem ser concebidos, defendeu Eisenstein, sem a poderosa arma auxiliar que a imprensa constituiu: ela multiplicou o número de textos em circulação, tornou-os mais baratos e acessíveis, permitiu a cada leitor ler mais obras e a cada obra chegar a mais leitores. Mas, mais do que um mero agente de uma difusão alargada do escrito e da imagem, a imprensa foi responsável, segundo Eisenstein, por alterações qualitativas nas operações intelectuais associadas à leitura e à compreensão dos textos. Ao uniformizar o conteúdo dos livros, ela favoreceu o trabalho erudito, facilitando a comparação entre fontes diversas e a correção de erros, muito comuns na reprodução manuscrita; ela permitiu uma elaboração mais sistemática e padronizada de tabelas, desenhos, mapas ou símbolos, importantes auxiliares do conhecimento; ela desenvolveu o espírito crítico pela leitura individual dos textos sagrados. Novos formatos, novas maneiras de paginar e organizar as matérias e novos tipos de livro – como gramáticas, dicionários, catálogos – terão sido, ao mesmo tempo, sinal e conseqüência das mudanças qualitativas nos modos de ler e na percepção provocadas pela tipografia. Para Eisenstein, o objeto impresso define uma cultura original, qualitativamente diferente da cultura manuscrita que existia anteriormente.

Ao insistir nas rupturas provocadas pelas mudanças nos meios de comunicação, Eisenstein deu continuidade, no meio historiográfico, às teses que, no início dos anos 1960, foram defendidas pelo teórico da cultura e da comunicação de massas canadense Marshal McLuhan. Em *A Galáxia de Gutenberg* (McLuhan, 1977/1962), esse autor colocou em oposição diferentes modos de comunicação ao longo da história das sociedades: na Antiguidade e na Idade Média existiu uma cultura baseada no manuscrito e na oralidade; nesse ambiente, a leitura em voz alta e a audição coletiva eram o modo de transmissão e recepção dos discursos; a ela seguiu-se uma cultura do livro impresso, em que a troca de idéias se fez predominantemente por meio da leitura individual, feita em silêncio, em que a visão veio substituir a audição e a voz como sentido dominante na comunicação. Segundo esse autor, a invenção de Gutenberg constituiu uma ruptura fundamental na história da cultura, dando origem a um novo modo de percepção, a do "homem tipográfico". As teses de McLuhan, que tinham por trás a idéia fundamental de que o "meio [de comunicação] é a mensagem", foram desenvolvidas no preciso momento em que a televisão, o rádio e o telefone se afirmavam como meios de comunicação de massa. Para o autor, o seu aparecimento marcava o início do fim da galáxia de Gutenberg, isto é, o fim da era do predomínio da leitura visual e a entrada numa nova constelação da comunicação em que, por meio da convivência permanente entre texto, imagem e som, os sentidos associados à oralidade recuperariam importância.

A idéia de que existiu uma ruptura entre a era do manuscrito e a era do impresso tem sido combatida por vários autores, com destaque para o já citado Roger Chartier. Procurando centrar a sua atenção nas práticas culturais, Chartier fala também de uma "cultura do impresso" nascida com a invenção de Gutenberg. No entanto, ela não deve ser colocada em oposição a uma cultura do manuscrito, antes deve ser considerada sua herdeira. Se a imprensa representa uma alteração fundamental nas capacidades técnicas de reprodução dos textos, ela perde o seu caráter revolucionário quando comparada com outras mudanças consideradas por Chartier tão ou mais decisivas, como é o caso do aparecimento do livro com a forma que conhecemos ainda hoje, verificado entre os séculos II e IV da era cristã. Antes da tipografia, com efeito, o livro era escrito e copiado à mão, era normalmente menos portátil do que os livros atuais, mas era já um códice, isto é, um conjunto de cadernos costurados uns aos outros e encadernados. Na opinião de Chartier, o que permaneceu no livro depois de Gutenberg foi mais importante do que o que mudou: os sinais que facilitam a orientação do leitor no interior do livro (numeração de páginas, de colunas ou de linhas) e no interior de cada página (títulos de capítulos e letras iniciais ornamentadas) nasceram no tempo do livro manuscrito, o mesmo acontecendo com os índices, alfabéticos ou por assuntos. A imprensa não criou um objeto novo e não obrigou a novos gestos da parte do leitor, ao contrário do que aconteceu com o aparecimento do códice (Chartier, 1994). Ela também não alterou, pelo menos inicialmente, o conteúdo dos textos disponíveis: os Padres da Igreja, os clássicos latinos e gregos, os textos religiosos ou laicos de autores consagrados foram os primeiros livros impressos.

A perspectiva defendida por Chartier permite-nos adotar um olhar de longa duração sobre o livro. Podemos, assim, desviar um pouco o olhar da questão da reprodução tipográfica, que tradicionalmente ocupou os historiadores do livro, para prestarmos atenção em outros aspectos importantes para se compreender a evolução do livro e da leitura. Se recuarmos no tempo, com efeito, verificamos o enorme sucesso que o livro teve na forma de códice, com quase dois milênios de história. Esse sucesso quase nos faz esquecer que o livro teve outros formatos antes desse e que a escrita conheceu outros suportes além do papel ou do pergaminho. O códice (ou *codex*, na expressão latina) veio fazer concorrência ao suporte que os livros tinham habitualmente na Antigüidade, quando os textos eram escritos em rolos de papiro ou, mais raramente, de pergaminho. Assim eram as obras conservadas na famosa biblioteca de Alexandria, estimadas em mais de meio milhão de volumes. Os rolos, chamados, em latim, *volumen*, eram lidos horizontalmente, da esquerda para a direita. A sua forma pressupunha uma postura do leitor radicalmente diferente daquela que hoje nos é familiar: as duas mãos ficavam ocupadas com a tarefa de desenrolar e segurar o rolo; a porção de texto visível a cada momento da leitura era relativamente pequena e a operação de avançar ou recuar no texto para relembrar certas frases ou comparar trechos distantes não era cômoda. Questão fundamental, o rolo tornava impossível ao leitor escrever apontamentos ao mesmo tempo que lia, a não ser que a leitura fosse feita em voz alta por uma outra pessoa, o que era freqüente. Assim, quando o códice se generalizou e substituiu lenta mas definitivamente o rolo, ele trouxe consigo uma série de novos hábitos intelectuais e posturas corporais. Por um lado, o corpo do leitor ficou mais livre para manusear o livro e tirar apontamentos durante a leitura. Por outro, a possibilidade de avançar ou recuar livremente, folheando o livro, passou a permitir

Livro de horas, *do século XV, com iluminura representando a escrita sobre um rolo. Bem depois de ter sido substituído pelo códice no uso cotidiano, o rolo continuou simbolizando a forma ideal do livro.*

comparações ágeis entre seções, contribuindo para o aparecimento da paginação, para a criação de índices e para o estabelecimento de comparações entre as diversas partes da obra. Essa foi uma das razões por que o novo formato se desenvolveu rapidamente entre as comunidades cristãs: ele era muito adaptado à consulta e à pregação do texto sagrado, um livro composto de diversos 'livros', exigindo saltos freqüentes entre eles.

Nas mais antigas civilizações do Oriente Médio e do Mediterrâneo ou na China, usaram-se outros materiais e outros suportes para a escrita além do papiro e do pergaminho, do rolo e do códice. As tabuinhas de argila, usadas na Mesopotâmia desde o terceiro milênio antes de Cristo e encontradas pelos arqueólogos em grande número, por exemplo, em Nínive (Assíria), podem ser consideradas uma forma de livro, existentes em bibliotecas, produzidas e reproduzidas em oficinas de copistas. Os tecidos, as conchas, a cerâmica, o marfim, as folhas de palmeira constituíram outros suportes da escrita. Mesmo na época medieval, quando o pergaminho e depois o papel se impuseram como os materiais mais utilizados para receber o texto, manteve-se durante muito tempo o uso de escrever em tabuinhas de cera, por meio de um estilete, para anotar ou fazer listas. Cada uma dessas diferentes formas de livro implicou, ao longo de uma história já com alguns milênios, diversos modos de escrever e ler. Obrigou ao uso de um determinado tipo de instrumento, a uma certa postura corporal, a um certo modo de organizar o texto (ou a imagem), dependendo da textura do suporte ou do seu formato. O mesmo acontece com o formato digital e com a leitura em tela. Se podemos chamar "livro digital" ao texto eletrônico, é porque a palavra "livro" é uma metáfora que usamos para designar um suporte do texto. A sua forma foi diferente no passado e continuará mudando no futuro. Basta repararmos um pouco nas origens latinas da palavra "livro" para nos apercebemos de como o objeto a que hoje mais associamos esse nome, o códice com folhas de papel, foi por sua vez herdeiro de suportes mais antigos: "livro" vem do latim "liber", que designa o alburno, uma parte da árvore situada entre a casca e o miolo que foi outrora utilizada como superfície para receber o texto.

A técnica e os seus usos

Mas inserir a invenção da imprensa numa perspectiva de longa duração não resolve, por si só, as divergências presentes na discussão sobre o seu impacto na leitura e nos hábitos intelectuais. A questão pode ser formulada deste modo: qual a relação entre as mudanças tecnológicas e as mudanças culturais? Podemos dizer que são sobretudo as inovações técnicas que produzem transformações no modo de pensar, de ler e de conhecer ou, pelo contrário, que são necessidades culturais e sociais que dão origem ao aparecimento de novas tecnologias de difusão do saber? A reflexão sobre a evolução dos modos de ler permite-nos aprofundar o tema.

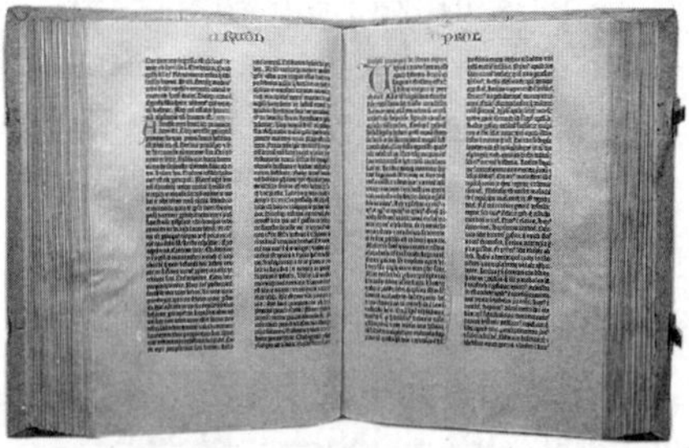

Um dos primeiros livros impressos no Ocidente: a chamada Bíblia de Gutenberg, *1455.*

Quando observamos um livro impresso nas primeiras décadas após a invenção da tipografia temos dificuldade em distingui-lo de um livro manuscrito. O desenho da letra é muito semelhante. Nessa época, era freqüente que um iluminador ou copista viesse "acabar" à mão o livro impresso, embelezando-o com títulos de capítulo desenhados a vermelho ou iniciais decoradas de forma muito minuciosa. Partindo desse tipo de constatação, Paul Saenger, um especialista norte-americano em história da escrita medieval, veio também pôr em dúvida a ruptura entre um antes e um depois da imprensa no que diz respeito às formas de ler.[2] Debruçando-se sobre a questão do nascimento da leitura silenciosa, Saenger mostrou que a passagem de uma leitura que precisava ser feita em voz alta para ser compreendida para uma leitura visual, emancipada da oralidade, remonta ao período medieval. A princípio excepcional, a leitura em silêncio começou a generalizar-se na Europa entre os séculos XII e XIV, depois de ter nascido a separação entre as palavras na escrita. Segundo a análise feita por Saenger, algumas das características da leitura que, para Eisenstein, só podiam ter nascido depois da invenção da imprensa, já existiam entre os intelectuais da época anterior. A conseqüência desse raciocínio é a negação da oposição, presente tanto nas teses de McLuhan como no livro de Eisenstein, entre uma cultura do manuscrito associada à oralidade e uma cultura do impresso, associada à leitura silenciosa.

Apoiando-se nesse autor, Chartier, uma vez mais, generaliza: a invenção da tipografia não revolucionou a forma do livro, nem o seu conteúdo, nem a maneira de ler. Não podemos dizer que as inovações na técnica de reprodução dos textos produzam, por si só, revoluções na relação com o escrito. Na longa história do livro, as grandes alterações foram produzidas por transformações culturais e sociais mais profundas. Quando transposta para a atualidade, essa idéia permite-nos abordar a relação entre o livro e o computador sem necessariamente colocá-los em oposição. Isso não significa reduzir a importância do que está acontecendo hoje: na opinião de Chartier, com a leitura crescente de textos em formato digital, assistimos, ao mesmo tempo, a mudanças na técnica de produção e reprodução dos textos, no suporte da escrita e na maneira de ler.

---

[2] SAENGER, Paul. *Space Between Words. The Origins of Silent Reading*. Stanford, California: Stanford University Press, 1997. Para uma síntese em português das idéias desse autor, veja-se SAENGER, Paul. "A Separação entre Palavras e a Fisiologia da Leitura." In: Olson, David R. & Torrance, Nancy (org.). *Cultura Escrita e Oralidade*. São Paulo: Ática, 1995.

Mas, contra o que considera um "determinismo tecnológico", Chartier afirma que as técnicas não existem para além do que os seus produtores e utilizadores fazem delas (Chartier, 2000, p. 31). No Ocidente, a imprensa, como inovação no modo de reproduzir os textos, necessitou de várias outras condições para se afirmar, a começar pela disponibilidade de uma matéria-prima fundamental como o papel. Contrariamente, na China do século XI e na Coréia do século XIII, os caracteres móveis, em terracota e em metal já eram conhecidos, mas a escala da sua utilização permaneceu reduzida por razões políticas e culturais (Idem, 1994). Na primeira metade do século XIX, a imprensa conheceu a sua primeira industrialização, com a introdução da tipografia mecânica a vapor e da máquina de papel contínuo. Mas as tiragens dos livros e periódicos permaneceram modestas diante das novas capacidades produtivas. Só na segunda metade do século XIX se verificou o aparecimento da grande tiragem nos jornais e outras publicações de baixo custo, trazendo consigo importantes novidades no número de leitores atingidos e nos tipos de gêneros publicados. Isto não aconteceu apenas por razões técnicas, mas também por causa de fatores econômicos e decisões editoriais, por sua vez impossíveis de obter sucesso sem o apoio de outros fatores culturais, como o desenvolvimento da escolarização (Idem, 1995).

A perspectiva de Chartier apresenta no entanto um inconveniente: quando, seguindo o seu apelo, integramos a invenção da tipografia na longa duração, o risco que corremos é o de diminuirmos o impacto social que a imprensa teve na sua época e a sua capacidade para, como defendeu Eisenstein, ser um agente da mudança. Segundo cálculos recentes, cerca de 13 milhões de volumes foram difundidos na Europa durante uma geração.[3] Mesmo que o livro manuscrito tenha permanecido durante bastante tempo como modelo seguido pelo livro impresso, a nova

[3] Dados fornecidos por Henri-Jean Martin e citados por FURTADO, José Afonso. *O que é o livro*. Lisboa: Difusão Cultural, 1995, p. 48.

técnica de reprodução dos textos multiplicou claramente as possibilidades de difusão geográfica das obras relativamente à cópia manuscrita. E também as suas capacidades de conservação: a multiplicação de uma obra em centenas ou milhares de exemplares garantia, bem melhor do que o manuscrito, a sua sobrevivência à passagem do tempo. Como aconteceu com tantos textos da Antigüidade, a obra manuscrita, muitas vezes existente num exemplar apenas, tinha dificuldade em resistir, ao longo de séculos, às destruições das bibliotecas, aos fins dos impérios, às fogueiras inquisitoriais ou à incúria humana. A imprensa criava assim uma sensação nova de vitória sobre o espaço e o tempo que foi imediatamente pressentida por quem a viu nascer. Que lugar atribuir, numa longa história do livro, a essa sensação de novidade possibilitada pela nova técnica? Eis o que escreveu, em 1472, Guillaume Fichet, um dos responsáveis pela introdução da tipografia em Paris:

> Conta-se um pouco por toda a parte que é na região de Mainz que vivia esse João dito Gutenberg que foi o primeiro a inventar a arte da tipografia graças à qual os livros são fabricados rapidamente, corretamente e elegantemente, sem se usar cana nem pena, mas por meio de caracteres metálicos [...] A invenção de Gutenberg [...] deu-nos caracteres através dos quais tudo o que se diz ou pensa pode imediatamente ser escrito, reescrito e dado à posteridade.[4]

Entre quem afirmou o inovador poder da imprensa, ficou também célebre a frase do filósofo inglês Francis Bacon, que escreveu em 1620, no seu *Novum Organum*, que, em conjunto com a da pólvora e a do compasso, a invenção da imprensa mudara a aparência e o estado do mundo.[5] O poder da imprensa

[4] Citado por MARTIN, Henri-Jean. *Le livre français sous l'Ancien Régime*. Paris: Promodis, 1987, p. 12.

[5] Citado por EISENSTEIN, *Elizabeth E. A revolução da cultura impressa: os primórdios da Europa moderna*. (1ª ed. em inglês 1979). São Paulo: Ática, 1998, p. 27.

é ainda confirmado pela enorme atenção e controle que os poderes civis e eclesiásticos dedicaram, desde o início, à difusão dos textos impressos. O risco de uma proliferação de leituras perigosas numa escala sem precedentes conduziu, nos séculos XV e XVI, à criação e aperfeiçoamento das instituições de censura prévia e à elaboração de listas de livros proibidos. Ao mesmo tempo, a valorização social do manuscrito, considerado raro e distinto por oposição a um impresso considerado depreciativamente vulgar ou "popular", caracterizou uma boa parte da cultura dos intelectuais ocidentais dos séculos XV a XVIII. Entre o fascínio e o temor, a imprensa constituiu durante muito tempo uma arma ambivalente, preservando a cultura do manuscrito funções sociais e intelectuais muito relevantes. É também por isso que, na discussão que os historiadores travam em torno do impacto da imprensa, é possível encontrar testemunhos em apoio de uma e outra posição. Um dos desafios atuais para quem estuda o livro entre os séculos XV e XVIII é, assim, estudar a especificidade e o poder da cultura impressa sem a considerar incompatível com uma importante e longa permanência do texto e do livro manuscrito. Na obra do historiador espanhol Fernando Bouza Alvarez *Del escribano a la biblioteca* (1992), encontramos um bom exemplo desta última atitude. Conduzindo-nos a uma reflexão global sobre a "civilização escrita" na Europa entre os séculos XV a XVII, Bouza defende que as formas de comunicação não se identificam exclusivamente com nenhum período histórico. E lembra que a era de Gutenberg foi, ao mesmo tempo, a era da comunicação manuscrita, oral e icônica. Enquanto o manuscrito e o impresso dividiam funções no terreno da escrita, a oralidade e a imagem como formas de expressão encontravam-se então em pleno apogeu, e isso não apenas na esfera popular e iletrada, também entre quem mais recorria ao escrito. Cada um desses diferentes meios de expressão desempenhava funções sociais e culturais específicas e é dentro desse contexto que os importantes efeitos produzidos pela imprensa na sociedade do seu tempo devem ser observados.

Refazer o livro

Voltemos a pensar em como este livro foi feito. A descrição inicial que fiz na apresentação não é inteiramente rigorosa. O texto não foi todo escrito diretamente em computador. Certas partes foram escritas à mão, sob a forma de apontamentos feitos a caneta ou a lápis, a partir da leitura de livros e artigos impressos. Como o formato digital facilita muito a organização da redação e a correção do texto, a maior parte dele foi escrita em computador, da forma que descrevi. Mas, de cada vez que pretendia ter uma noção mais completa de cada capítulo ou parte da obra, imprimi essas partes, pois ler em papel é mais confortável do que ler numa tela de monitor quando se trata de textos grandes. A tela, além de cansar mais a vista, dificulta o confronto entre as diversas partes de um texto, um pouco como acontecia com o rolo antigo. De cada vez que imprimi partes do texto, preenchi o que já estava escrito com novas anotações e correções manuscritas. Quando uma versão mais definitiva ficou pronta, foram outros leitores, a quem pedi que me dessem sugestões para melhorar o texto, que o encheram de notas marginais. Podemos assim dizer que na era da escrita e da leitura digitais, pelo menos por enquanto, o impresso, o manuscrito e, em conseqüência, o papel fazem parte fundamental dos nossos hábitos de trabalho. Isso também acontece nas fases sucessivas da edição. Quando enviei o texto para a editora para ele ser transformado em livro, não o fiz apenas por correio eletrônico: pelo correio normal foi também uma cópia em papel. No trabalho de edição, o processo de correção de provas implicou novas impressões provisórias, anotações manuscritas e redigitalização das correções. Apesar das vantagens da página sempre limpa da tela de computador e das facilidades da transmissão eletrônica de arquivos, esses exemplos demonstram bem como a utilização da mais moderna tecnologia virtual exige a materialização física do texto em papel. Atrás dela vêm custos de transporte e de correio, gasto de tempo e de mão-de-obra humana.

Por outro lado, podemos dizer que o passado do livro impresso continua de certo modo presente nas mais modernas técnicas de composição do texto. Ao passo que a tipografia se foi modernizando, foram-nos sendo transmitidas as técnicas do passado. Demonstra-o a presença, no *software* que utilizamos para escrever em computador, de tipos de letra que foram criados em caracteres de metal por impressores célebres do século XVI como o francês Garamond, ou dos séculos XVIII-XIX, como o italiano Bodoni. Sem esses antepassados, o processamento de texto por computador tal como o conhecemos hoje não existiria. Encontramos aqui uma possível segunda utilidade para a história do livro. Para além de contribuírem para a reflexão sobre o futuro do livro a partir do que sabem sobre o seu passado, os historiadores, graças à sua consciência da diversidade de suportes e materiais da escrita ao longo da história, dos modos de reproduzir e de ler os textos no passado, podem contribuir de uma forma muito concreta para as políticas de conservação do livro. De fato, se o livro impresso não tem o seu fim à vista, a verdade é que um dos perigos que a generalização da digitalização dos textos traz consigo é o de tornar mais difícil a consulta aos livros originais em suporte de papel. Confrontadas com enormes problemas de espaço para arrumar os seus documentos, cujo volume aumenta de ano para ano, as bibliotecas vêem na sua reprodução por microfilme e digitalização uma solução para essas dificuldades. Daí ao apagamento da memória inscrita em papel, com a destruição de livros, jornais ou revistas, pode ser um pequeno passo. Ora, uma obra em formato digital, consultada na Internet ou num CD-ROM, não é exatamente a mesma coisa que uma obra impressa original, mesmo que o texto seja idêntico. Um livro ou qualquer outro objeto impresso, tenha ele saído de uma tipografia do século XVII ou do século XXI, é um objeto físico formado por diversos materiais e cores, para além de uma estrutura interna que é influenciada pela sua forma física. Para além do texto, o leitor atribui significado a esses elementos que também fazem parte do livro e que vão influenciar a sua percepção. Como esses elementos não são digitalizáveis, no formato digital perdem-se dimensões absolutamente essenciais do livro impresso. Por isso, a manutenção do formato original de uma obra ou fonte de informação após a sua digitalização é fundamental à manutenção da nossa memória e à possibilidade de continuarmos a compreender no presente, por meio da pesquisa histórica, o que foram o livro e a leitura no passado. O contrário, seguindo uma comparação do filósofo Luciano Floridi, seria tão inaceitável como se os editores da Renascença tivessem destruído os manuscritos medievais depois de os terem impresso.[6]

[6] Citado por FURTADO, José Afonso. *Os livros e as leituras. Novas ecologias da informação*. Lisboa: Livros e Leituras, 2000, p. 312.

O que é a história do livro e da leitura?

Começamos por falar da história do livro e da leitura no contexto mais amplo do debate sobre o futuro do livro, mas não chegamos a definir essa disciplina. É tempo de fazê-lo. Dizendo melhor, trata-se de tentar uma definição, pois nesta como noutras áreas científicas são várias as definições possíveis, algumas com semelhanças entre si, outras divergentes. Isso acontece ainda mais com a história do livro porque esta é hoje uma área fortemente interdisciplinar, reunindo contribuições de várias disciplinas e de várias tradições de estudo em diferentes países. Para a revista *Book History*, criada em 1998 e disponível tanto em suporte de papel quanto em suporte digital, na *World Wide Web*, a história do livro abrange "toda a história da comunicação escrita: a criação, a disseminação, os usos do manuscrito e do impresso em qualquer suporte, incluindo livros, jornais, periódicos, manuscritos e outros objetos impressos de vida efêmera".[1] O leque de interesses da revista estende-se assim aos seguintes domínios: "história social, cultural e econômica da autoria, publicação, impressão, artes gráficas, direitos de autor, censura, comércio e a distribuição de livros, bibliotecas, competências de leitura e escrita, crítica literária, hábitos de leitura, teoria da recepção literária". Como vemos, numa definição tão alargada, o livro propriamente dito

[1] GREENSPAN, Ezra e ROSE, Jonathan. "An introduction to *Book History*". In: *Book History*. Vol. 1, 1998. Disponível na *World Wide Web* em *http://muse.jhu.edu/journals/bh/toc/bh1.1.html* (acessado em 2/4/2002). A consulta do conteúdo dessa revista em formato digital só é possível por meio de bibliotecas que a tenham assinado.

deixa de ter uma posição exclusiva. Ele convive com uma grande variedade de fontes, impressas ou manuscritas, literárias e não-literárias, além de fontes não escritas, como a pintura (ou a fotografia ou o cinema) e até a arquitetura. Se dissemos no primeiro capítulo que a história do livro se encontra em expansão, devemos agora acrescentar que ela deixou de ser apenas história do livro. Como dizem os editores da *Book History*, "história do livro é o nome menos insatisfatório para esta zona acadêmica de fronteira, que certamente não se limita aos livros nem aos historiadores".

Procuremos o apoio de outras definições. No entender de Robert Darnton, um historiador norte-americano autor de várias obras de referência sobre a época das Luzes na França, o objetivo da história do livro é "compreender como as idéias foram transmitidas através da imprensa e como a exposição à palavra impressa afetou o pensamento e o comportamento da humanidade durante os últimos quinhentos anos" (Darnton, 1990, p. 107). Essa definição é mais restritiva do que a anterior, pois limita o âmbito da investigação ao texto impresso; mas logo em seguida esse autor acrescenta que a investigação nessa área pode ser alargada ao período anterior à invenção da tipografia e a outros suportes para além do livro.

Donald F. McKenzie, um autor fundamental para a história do livro de tradição inglesa, define a especialidade como uma "sociologia dos textos". Estudar o passado do livro é estudar o seu conteúdo considerando toda a vasta gama de realidades sociais que os textos envolvem e com as quais interagem, em cada momento da sua produção, transmissão e consumo (McKenzie, 1986, p. 6-7).

Por fim, para o Institut d'Histoire du Livre, um órgão francês que reúne várias instituições ligadas ao livro, entre universidades, museus e bibliotecas, o objeto alargado de uma história do livro é a comunicação escrita. Trata-se de uma área totalmente interdisciplinar em que dialogam a história, a sociologia, a antropologia e as ciências da linguagem e da informação.

Essas definições são razoavelmente convergentes num aspecto essencial: da história do livro atual faz parte muito mais do que o simples estudo dos procedimentos técnicos de escrita e reprodução de um livro até ele chegar ao leitor que descrevemos na apresentação. Mais do que apenas o livro como objeto material, essa história compreende a comunicação e todos os processos sociais, culturais e literários que os textos afetam e envolvem. Ela integra um conjunto de disciplinas específicas de tal maneira vasto que é impossível resumi-lo aqui. Essa é a principal riqueza desse território acadêmico, mas ela traz consigo o risco de não existir verdadeira comunicação entre as diversas partes que a compõem, fazendo com que sob o mesmo nome se escondam maneiras muito diferentes, às vezes contraditórias, de encarar o objeto de estudo. Numa revista especializada da atualidade é possível encontrar, por exemplo, um artigo que estude os aspectos formais de uma edição rara, até aqui desconhecida, de um livro impresso no século XV. Ao lado dela, podemos encontrar um estudo quantitativo, classificando tematicamente e contando os livros de uma biblioteca particular de um letrado importante do final do século XVIII. Mais adiante, estará um artigo teórico sobre a leitura feito por um especialista em semiótica. Por fim, encontraremos um artigo interessado na sociologia dos leitores de revistas no início do século XX. Áreas acadêmicas muito diferentes, unidas pelo interesse pelo livro ou pelo texto, convivem debaixo do nome genérico "história do livro e da leitura". É nesta altura que o nome, parecendo querer dizer tudo, corre o risco de não querer dizer nada. Até porque esse nome muda de país para país: no Brasil, por exemplo, onde é débil a tradição bibliográfica de estudos técnicos sobre o livro antigo, os estudos que se têm desenvolvido aparecem normalmente sob a designação de "história da leitura", não tanto como "história do livro".[2]

Segundo uma imagem usada por Robert Darnton, a história do livro parece-se hoje menos com uma área de pesquisa do que com uma floresta tropical (Darnton, 1990, p. 110). A definição de história do livro corre o risco de gerar uma grande indefinição. Para nos orientarmos no meio dessa espécie de floresta, com a sua enorme diversidade e os seus múltiplos caminhos, tentarei descrever como se chegou até aqui. Trata-se de uma síntese, necessariamente subjetiva, do que me parecem ser os problemas metodológicos mais importantes que se têm colocado nesta área de estudos e de como, mais recentemente, ela se transformou numa vasta reunião de disciplinas, não apenas históricas, que convergiram em torno do livro, da leitura e da comunicação escrita. O objetivo é visitarmos a floresta sem nos perdermos, e não o de ficarmos conhecendo pormenorizadamente toda a sua vegetação. O nosso ponto de partida vai ser de novo o livro impresso.

A bibliografia

Se os livros assumiram diversos formatos ao longo da história, se eles foram escritos, reproduzidos e lidos de modo distinto na Roma Antiga, nas bibliotecas dos conventos medievais ou na Europa do século XIX, se o próprio objeto-livro tal como o conhecemos hoje, encadernado e composto de uma sucessão de folhas, é uma invenção dos primeiros séculos da era cristã, a verdade é que nenhuma inovação ligada ao livro marcou tão fortemente a cultura letrada da época contemporânea como a invenção da tipografia. De forma revolucionária

[2] Para aprofundar o tema da história da leitura no Brasil, incluindo nas últimas páginas uma útil bibliografia, veja-se a obra coletiva recente dirigida por ABREU, Márcia (org.). *Leitura, história e história da leitura*. Campinas/SP: Mercado de Letras, Associação de Leitura do Brasil; São Paulo: Fapesp, 2000.

ou não, o livro impresso triunfou progressivamente, transformando-se na forma consagrada de transmitir textos. Ao longo dos séculos XIX e XX, a transmissão de textos e imagens por via do impresso (livros, jornais, revistas, brochuras, cartazes, impressos administrativos e comerciais etc.) cresceu de tal modo que ela quase nos fez esquecer que no passado, como vimos no capítulo anterior, a palavra escrita foi transmitida em suportes diversos e que na cultura ocidental o objeto impresso, de forma muito clara até ao século XVIII, dividiu funções com o manuscrito no terreno da reprodução dos textos.

Com o barateamento e com a multiplicação do número de livros e textos disponíveis, a elaboração de catálogos ou bibliografias das obras impressas, tão antiga como a própria imprensa, tornou-se ainda mais indispensável para a orientação dos leitores no meio de um mar de títulos e temas. Indispensável a bibliotecários e a livreiros, o saber bibliográfico autonomizou-se e tornou-se uma disciplina na segunda metade do século XIX. Ela deixou de consistir apenas na criação de inventários de obras e passou a ser ensinada como um saber específico, incluindo capítulos sobre história do livro, sobre as técnicas de produção e sobre as características materiais de cada edição em cada época. Nos séculos XIX e XX, esse tipo de estudos eruditos assumiu uma vertente nacional muito marcada: em cada país, os bibliógrafos interessaram-se por conhecer as origens da tipografia, as primeiras edições, os primeiros impressores. Na Alemanha, Gutenberg fez correr tinta desde o século XVI e foi objeto de inúmeros estudos. Em vários países europeus fizeram-se investigações para lhe disputar a paternidade da invenção da tipografia. Atrás desses trabalhos estava a idéia de que quanto mais antiga fosse a introdução da imprensa em cada país, maior prestígio recaía sobre a respectiva cultura nacional. Na Itália e por toda a Europa, as cuidadas edições dos clássicos da Antigüidade, em grego e latim, feitas por grandes editores humanistas, como Aldo Manuzio, foram também objeto de um culto particular.

Em Portugal, os estudos concentraram-se na identificação dos primeiros textos impressos no século XV e dos impressores mais antigos em atividade no reino. Esse culto pelas origens da tipografia ajuda a explicar a fraca tradição bibliográfica num país como o Brasil, sem produção própria de livros impressos durante quase todo o período colonial, até inícios do século XIX. O interesse por estudar as origens da imprensa periódica, que no Brasil se iniciou ao mesmo tempo que a produção de livros, precedeu ali o interesse pela história do livro. Foi na segunda metade do século XX, e entre colecionadores e bibliófilos como Rubens Borba de Moraes, que começaram a ser publicados os primeiros trabalhos sistemáticos sobre o passado do livro brasileiro[3].

O culto a Gutenberg desenvolveu-se no século XVI. Gravuras e medalhas deram então um aspecto físico ao célebre impressor de Mainz, representando-o com uma longa barba e instrumentos de trabalho. Mas nenhum retrato terá sido feito em sua vida.

Além das origens da imprensa, a história do livro de raiz bibliográfica interessou-se pela minuciosa identificação e pela descrição das edições dos autores consagrados de cada tradição literária. Acumulando informação sobre todas as matérias-primas e atividades práticas relacionadas com a edição antiga (da fundição dos caracteres à impressão, passando pela composição ou pelo fabrico do papel), a chamada "bibliografia material", que atingiu o seu expoente

[3] Outro autor que merece ser citado pelos seus trabalhos pioneiros sobre o livro brasileiro é HALLEWELL, Laurence, com sua obra O livro no Brasil: sua história. São Paulo: T. A. Queiroz Editor. 1985 (1. ed. em inglês 1982). Para aprofundar o tema das origens da história do livro no Brasil, ver a síntese feita por NIZZA DA SILVA, Maria Beatriz. "História da leitura luso-brasileira: balanços e perspectivas", in ABREU, Márcia (org.). Leitura, história e história da leitura. Campinas, SP: Mercado de Letras, Associação de Leitura do Brasil; São Paulo: Fapesp, 2000, p. 147-164.

na Inglaterra,[4] produziu notáveis trabalhos de erudição para reconstituir os textos originais mais importantes da literatura de cada país. Em aliança com os estudos de história literária, e com uma perspectiva nacional ou mesmo nacionalista implícita, essa tradição de estudos interessou-se especialmente por autores como Camões, em Portugal, Shakespeare, na Inglaterra, Cervantes e o chamado "Siglo d'Oro", na Espanha ou a literatura francesa da época de Luis XIV.

Livro e sociedade

A atual história do livro tem origem nessa tradição de estudos bibliográficos. Mas, ao mesmo tempo, distanciou-se dela, procurando ampliar as perspectivas de investigação em torno do livro. Foi na França que esse distanciamento se verificou em primeiro lugar. Uma obra fundamental para que isso sucedesse, reconhecida hoje como um clássico, foi *O Aparecimento do Livro*, publicado em 1958 (Martin e Febvre, 2000/1958). Trata-se de um texto inspirado por Lucien Febvre – o conhecido mentor, junto com Marc Bloch, da renovação historiográfica feita em torno da revista *Annales* –, mas redigido no essencial por Henri-Jean Martin, hoje reconhecido como um mestre por toda uma geração de pesquisadores em história do livro. Na apresentação da obra, Lucien Febvre definia os seus objetivos: estudar a "ação cultural e a influência do livro durante os trezentos primeiros anos da sua existência" (Idem, p. 7). Diferentemente das tradicionais histórias do livro impresso, normalmente apenas interessadas na evolução formal e técnica da edição ou na identificação das sucessivas edições das obras, esse texto fez do livro um tema de uma história de horizontes mais alargados, um capítulo da história cultural, social e econômica da época moderna. Tratava-se de explorar as relações entre os livros, enquanto veículos de textos,

[4] Nomes como Walter Greg, Harry Carter ou Philip Gaskell contam-se entre os mais importantes da tradição bibliográfica britânica.

narrativas, memórias, idéias, e a sociedade da qual eles faziam parte. O estudo do livro impresso, nos seus mais variados aspectos, podia projetar nova luz sobre fenômenos como a transmissão da cultura medieval herdada, o Humanismo ou as reformas religiosas, o progresso das Luzes, ou ainda a expansão em detrimento do latim das línguas vulgares européias. Mais do que como uma engenhosa invenção de Gutenberg, em *O Aparecimento do Livro* a imprensa passava sobretudo a ser entendida como uma nova forma de conservação e multiplicação do escrito, devendo a sua difusão ser relacionada com a criação de novos hábitos intelectuais entre as comunidades letradas do Ocidente.

Ao mesmo tempo, a obra abordava também as principais questões técnicas e econômicas ligadas ao aparecimento da imprensa: a introdução do papel na Europa, os problemas práticos a resolver pelos primeiros impressores, a evolução da paginação, da ilustração e da encadernação, o financiamento da edição, a organização do trabalho na tipografia, o comércio e a geografia do livro europeu. Uma das grandes originalidades do trabalho de Martin e de Febvre foi precisamente esta: o livro impresso, além de ser um meio de divulgação de textos e imagens, é também visto como uma mercadoria com a qual se envolvem novas categorias de atores sociais, desde humildes trabalhadores artesanais até grandes comerciantes internacionais. Sem se compreenderem as condições sociais e econômicas que permitiram (ou bloquearam) a difusão das oficinas nos primeiros tempos da tipografia, qualquer estudo sobre o Protestantismo, por exemplo, fica incompleto. Nascia assim uma história social e econômica do livro não dissociada dos seus aspectos culturais e intelectuais.

A história quantitativa

Após esse trabalho pioneiro, as propostas de Lucien Febvre e H.-J. Martin foram muitas vezes revisitadas e muitas das pistas então apontadas tiveram seqüência em novas investigações. Isso não aconteceu apenas na historiografia francesa, como veremos em seguida, mas foi nesta última que a relação entre livro e sociedade, proposta pelos autores citados, mais se exprimiu. Muito por influência da história econômica, cujos modelos foram dominantes ao longo dos anos 1950 e 1960 entre os pesquisadores franceses, vários trabalhos dedicaram-se a estudar quantitativamente os padrões da produção de obras, da evolução dos diversos gêneros literários em circulação e da posse privada do livro. A partir de fontes como os pedidos de licença para impressão feitos à administração régia, os anúncios comerciais ou críticas literárias em periódicos, os catálogos de bibliotecas privadas ou inventários de bens, os historiadores franceses construíram séries em que os livros eram contados, os seus títulos classificados por temas, os seus possuidores distinguidos socialmente. Esses estudos centraram-se essencialmente nos séculos XVII e XVIII, pretendendo abarcar a média ou mesmo a longa duração.

Em 1974, em tempo de balanço sobre a historiografia inspirada na tradição dos *Annales*, a temática do livro podia assim ser anunciada como um dos objetos de estudo renovados. Num artigo de síntese, mas também de mudança de orientação, Daniel Roche e Roger Chartier sublinharam o papel desempenhado pela metodologia quantitativa na renovação que a história do livro trouxera à história da literatura ou à história das idéias. De fato, tradicionalmente essas áreas de pesquisa estavam sobretudo atentas às obras consideradas canônicas dos pontos de vista estético, político, filosófico ou científico. Considerava-se apenas o livro pelo lado portador de inovação e negligenciava-se o estudo da difusão das obras da tradição ou daquelas que, simplesmente, não tinham sido consagradas pela posteridade. Assim, seguindo critérios distintos dos que conduziram a história literária ou a história das idéias a consagrar obras e autores (assim tornados clássicos), a investigação na França a partir de meados dos anos 1960 pretendeu "colocar, à face da história, num campo homogêneo sem hierarquização nem exclusivo, todos os discursos que num dado momento se tornam livros" (Chartier e Roche, 1987/1974, p. 127-128). Vejamos um exemplo para ilustrar melhor essa idéia.

Interessado pelas origens ideológicas da Revolução Francesa, François Furet, em colaboração com outros autores, procedeu a um grande levantamento de títulos de obras para impressão registrados ao longo do século XVIII na chancelaria da monarquia francesa (Furet, 1965). Cada título era classificado tematicamente, sendo-lhe atribuído um de cinco grandes temas (Religião, Direito, História, Ciências/Artes e Literatura). Dessa forma, as obras singulares dos pensadores mais conhecidos das Luzes, como Voltaire, Rousseau ou Diderot, eram diluídas estatisticamente numa grande massa de textos que circularam na época. Apostava-se assim em atingir os movimentos mais profundos e lentos da edição e, indiretamente, compreender as preferências literárias dos franceses na época das Luzes. Os resultados globais obtidos foram considerados significativos: eles apontavam para uma dessacralização progressiva do conteúdo dos textos impressos na França ao longo do século XVIII. Esse fenômeno traduzia-se num aumento firme, na segunda metade do período, do número de obras da categoria "Ciências e Artes" relativamente às obras de temática religiosa. Do confronto retirou-se a idéia, considerada prenunciadora de modernidade, de que as relações entre o homem, a natureza e a sociedade teriam sido crescentemente consideradas a partir de pressupostos filosóficos independentes da teologia (Chartier, 1995, p. 24).

Como referi, o recurso à quantificação serviu também para estudar o livro enquanto indicador sociocultural. A sondagem ao conjunto das obras impressas foi complementada por uma sociologia da leitura feita por meio do estudo da distribuição social das obras possuídas ou herdadas. Com essa abordagem pretendia-se estudar a posse privada do livro como via para chegar ao leque de leituras disponíveis numa determinada época ou região e também para aprofundar a análise sobre os mecanismos de funcionamento da desigualdade social. Implícita estava a idéia de que a desigual posse do livro acabava por refletir a estratificação econômica e social. A hierarquia cultural reproduziria as restantes relações de força na sociedade.

Crítica da história quantitativa

Foi nos anos 70 que começaram a ser postos em discussão esses pressupostos teóricos até então dominantes na historiografia francesa. Ao mesmo tempo que a influência francesa se começava a sentir nos trabalhos sobre o livro impresso na Inglaterra e na história cultural norte-americana, a metodologia quantitativa recebeu em troca uma importante reavaliação crítica. Os trabalhos de Robert Darnton sobre a importância dos livros clandestinos e da literatura de circulação "subterrânea" na França do século XVIII foram fundamentais para que isso acontecesse (Darnton, 1987/1971). Propondo uma visão de conjunto sobre os mecanismos de produção e de distribuição de livros na França do século XVIII, Darnton mostrou que a circulação clandestina das obras era uma dimensão essencial no mercado livreiro. Com efeito, os resultados quantitativos obtidos até então tinham um problema fundamental: eles foram construídos a partir de um determinado tipo de fontes que podemos considerar "públicas" ou "legais". De fora dessas fontes (e, em conseqüência, das contas da história quantitativa do livro) ficava um grande número de obras que circulavam e eram lidas clandestinamente. O comércio ilegal dos livros, impossível de quantificar no seu conjunto, era florescente na época. Ele fazia-se a partir das fronteiras, pela mão de grandes casas de edição como a Société Typographique de Neuchâtel, na Suíça. A idéia central de Darnton pode ser resumida assim: o que os franceses liam no século XVIII era, em boa medida, determinado pelo sistema de produção e distribuição de livros.

Nesse sistema, bem conhecido de todos, as obras que tinham boa venda no circuito legal do comércio livreiro francês eram rapidamente contrabandeadas em edições falsas (contrafações) produzidas no exterior por livreiros suíços ou holandeses. Trabalhando à margem da lei, eles juntavam a essas edições-pirata outros textos proibidos, mas desta vez por causa do seu conteúdo subversivo. Entrava assim na França um conjunto variado de textos conhecidos na época como "filosóficos", irmanados na ilegalidade aos olhos de seus leitores, e que iam desde certas obras de Voltaire até textos difamatórios ou a uma literatura pornográfica envolvendo as principais figuras da Corte. Para Darnton, foi essa literatura subversiva – na qual se podem encontrar alguns dos *best-sellers* da época – que mais contribuiu para a desagregação das bases ideológicas da sociedade de Antigo Regime. Esse é um filão que aquele autor continuou a explorar nas suas obras seguintes com o objetivo de compreender as mudanças nas preferências estéticas e ideológicas dos franceses do século XVIII.

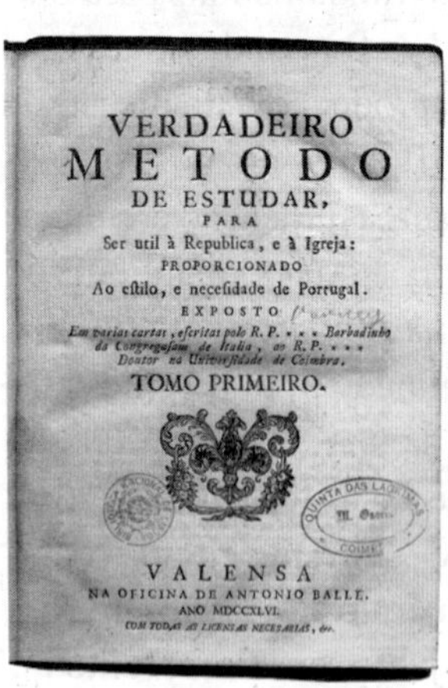

Um exemplo célebre de edição clandestina em Portugal: o Verdadeiro Método de Estudar, *de Luís António Verney. O local (Valença) e a tipografia (António Balle) indicados no frontispício são falsos. Esta era uma das maneiras típicas de colocar em circulação uma obra impressa clandestinamente nos séculos XVII e XVIII; ao apresentar-se a edição como tendo já sido permitida no exterior, neste caso na Espanha, pretendia-se iludir a censura prévia em Portugal*

Num outro trabalho fundamental publicado em 1982, *O Iluminismo como negócio* (Darnton, 1996/1979), o mesmo autor debruçou-se sobre a obra emblemática das Luzes francesas, a *Encyclopédie* de Diderot e d'Alembert, no período em que ela se transformou num *best-seller*, o final do século XVIII. Numa pesquisa com um detalhe minucioso, possível graças à riqueza excepcional do fundo documental da referida companhia editorial suíça, Darnton descreveu exaustivamente os vários passos da edição da obra, desde a idéia de lançar o empreendimento até à compra do livro pelo leitor. Ao estudo do panorama geral da literatura de uma época, típico dos trabalhos que se fizeram nos anos 1960 na França, Darnton contrapunha o exame intensivo do trajeto de uma única publicação. Nessa altura, não se tratava já de criticar apenas os resultados da história quantitativa: era a própria forma como nela se estudava o livro que era colocada em questão. O objetivo de estudar as grandes linhas da vida intelectual e a distribuição social das leituras a partir da quantificação de objetos culturais como o livro passava a ser considerado demasiado genérico e simplificador. O que também ressaltava dos estudos detalhados de Darnton era a necessidade de mudar de escala de observação, acompanhando mais de perto o percurso e as interações das obras com os diversos agentes que lidavam com elas: do autor ao leitor, passando por todo o circuito da produção, da distribuição e da venda.

Do livro à leitura

Essa mudança na dimensão dos objetos de estudo, que Darnton não teorizou diretamente nas suas obras, partira de uma discussão mais ampla que atravessou toda a disciplina histórica ou, pelo menos, algumas das suas revistas mais importantes em termos internacionais. Apostando em estudos de caso e no estudo intensivo e qualitativo das fontes, a denominada "micro-história", com origem não na história do livro mas na história social italiana, revelou-se uma prática historiográfica com importantes conseqüências metodológicas. A "microanálise" estendeu-se à história cultural em 1976 pela mão de Carlo Ginzburg, que, num estudo de caso que teve uma enorme repercussão, analisou as práticas culturais heterodoxas de um moleiro do nordeste de Itália no final do século XVI (Ginzburg, 1987/1976). A investigação que Ginzburg fez a partir dos processos inquisitoriais que levaram à morte na fogueira de Domenico Scandella, mais conhecido como Menocchio, conduziu-o a uma revisão do problema da relação entre a cultura escrita e a cultura oral na época moderna. No centro da pesquisa estiveram as leituras de Menocchio: preso e interrogado pela Inquisição depois de ter feito, ao longo de anos, afirmações heréticas à luz da ortodoxia católica, o moleiro, obrigado a confessar de onde vinham as suas idéias, foi falando aos inquisidores sobre as obras que tinha lido e sobre a forma como o tinha feito. As suas afirmações eram o resultado do seu encontro com alguns livros impressos. Vivendo num meio cultural que, para o senso comum do historiador, seria sinônimo de oralidade e de falta de autonomia diante dos representantes da cultura letrada (o padre, a escola), o exemplo de Menocchio veio mostrar como era possível a um aldeão o contato com os conteúdos de uma cultura livresca e, mais ainda, uma síntese intelectual original, produto de uma interpretação própria dos textos lidos. Sem nunca ter saído do seu pequeno burgo, Montereale, e sem saber o grego ou o latim, Menocchio leu e releu um punhado de textos e passagens, assimilando-os a seu modo à sua memória, descontextualizando-os, chegando a conclusões perturbadoras que repetiu teimosamente junto dos inquisidores. Algumas dessas posições estavam muito próximas das propostas dos movimentos protestantes da sua época (anabatismo, luteranismo), pondo em causa a autoridade da Igreja e dos clérigos, os sacramentos e mesmo a divindade de Cristo. A escolaridade e a imprensa, segundo Ginzburg, foram as condições que permitiram esse encontro explosivo e imprevisível entre a cultura de base oral de um moleiro e os textos impressos.

A partir de uma detalhada recontextualização, trabalhos pioneiros como esse contribuíram para uma tomada de "consciência da variabilidade, histórica e social, da figura do leitor" (Idem, p. 30). De fato, o estudo de Ginzburg transformou-se rapidamente num modelo para uma história da leitura. Tal não sucedeu apenas por ele relatar o testemunho de uma fonte excepcional em que é possível acedermos a um depoimento sobre a leitura feito na primeira pessoa, para mais um moleiro. Foram os próprios pressupostos metodológicos anteriores que foram postos em causa, por não serem capazes de dar conta da diversidade de apropriações de que toda e qualquer obra é suscetível. Baseada apenas em títulos de obras, a investigação quantitativa sobre o livro pressupunha uma relação transparente entre elas e o seu consumo. Ela não tinha em conta a distância sempre existente entre os textos (ou as imagens) e a sua recepção. A partir de exemplos como o de Menocchio, tornou-se necessário usar com mais prudência os resultados dos estudos feitos sobre as bibliotecas privadas, trabalhos muito comuns em história das idéias desde os anos 1960 até os nossos dias. Se, por exemplo, fizermos um estudo sobre a composição temática da biblioteca pessoal de um humanista italiano do século XVI e depararmos entre as suas obras com o *Decameron*, de Bocaccio, é provável que a classifiquemos como uma obra de literatura. Mas ao fazê-lo estamos, implicitamente, considerando que a esse texto do século XIV foi atribuído o mesmo significado de obra literária por todos os seus leitores, em todas as épocas. Ora, no século XVI, Menocchio foi um dos leitores do *Decameron*. Ele relacionou-o com a *Bíblia* e outros textos religiosos, com obras poéticas e narrativas de viagem. A leitura do moleiro deu um sentido próprio a materiais temáticos tão diversificados, bem distante do significado que as obras poderiam ter para os seus autores ou para outros leitores. Essa apropriação do *Decameron* por um leitor popular tem uma implicação fundamental: ela permite-nos questionar a oposição rígida, muito freqüente em sociologia da cultura e nos referidos trabalhos quantitativos sobre a posse do livro, entre cultura popular e cultura erudita. A passagem do livro à leitura representa assim uma passagem do livro estático, arrumado numa biblioteca, ao dinamismo das práticas de leitura em que as diferenças culturais atravessam os diferentes grupos sociais de forma mais complexa do que a simples oposição entre povo e elites. Como sintetizaram num trabalho recente Antônio Augusto Batista e Ana Maria Galvão, "não se pode inferir sobre as representações, crenças e valores de um determinado grupo somente a partir do que ele lê, declara ler ou possui em sua biblioteca particular e seleciona como bem inventariado" (Batista e Galvão, 1999, p. 19).

Assim, e voltando a seguir o percurso feito na historiografia francesa, depois de mais de duas décadas de investigação sobre a produção e a circulação de livros, o problema inovador passava a ser o da pesquisa sobre as diferentes modalidades do seu consumo pelos leitores (Chartier, 1981). Nesse contexto, ganharam importância algumas das sugestões de Michel de Certeau acerca do caráter expressivo da leitura (Certeau, 1994/1980). Para esse autor, os leitores podem ser comparados a "caçadores furtivos" que, ao lerem textos que não escreveram e não lhes pertencem, percorrem propriedade alheia. Mas, ao irem buscar ao texto sentidos imprevistos, os leitores como que roubam qualquer coisa dessa propriedade: o sentido do texto pretendido pelo autor. À linearidade do texto devemos contrapor a pluralidade de direções da leitura: um pouco como Menocchio, todo leitor antecipa e salta idéias, deturpa o sentido pretendido pelo autor, faz associações imprevistas, transporta para as páginas escritas as suas memórias. O leitor, de certa maneira, reescreve o texto que lê. Por isso, a página impressa não é uma letra morta: ela é o lugar onde se produz o encontro, sempre diferente, entre a palavra já escrita e os novos sentidos que os leitores lhe vão dando. Como escreveu Jorge Luís Borges, uma literatura distingue-se de uma outra menos pela letra do texto do que pela forma como ela é lida. Essa idéia ajusta-se perfeitamente a uma interrogação histórica: enquanto o texto permanece uma unidade fixa, os leitores em diferentes épocas vão-se apropriando dele de forma plural; como afirmou Levenson, citado por Bourdieu, "um livro muda pelo fato de não mudar enquanto o mundo muda" (Bourdieu e Chartier, 1985, p. 236).

Das práticas aos discursos sobre a leitura

Mas os historiadores que quiseram começar a estudar a leitura nos termos referidos confrontaram-se em seguida com uma questão difícil: quando dizemos, como Michel de Certeau, que os leitores "reescrevem" a seu modo os textos que lêem, estamos, na realidade, empregando uma metáfora. Esse processo de reescrita passa-se no cérebro do leitor e na maior parte das vezes não passa para as fontes escritas com que o historiador normalmente trabalha. Assim, enquanto a escrita é a atividade produtora de sentido que os historiadores mais utilizam como fonte, a leitura, sendo também uma produção de sentido, deixa poucas marcas nas fontes. Quando isso acontece, é normalmente de forma lacunar, por exemplo, sob a forma de apontamentos marginais acompanhando o texto, ou sublinhados. Esses vestígios de práticas de leitura caracterizam-se também por serem socialmente marcados: eles são mais comuns entre aqueles que lêem e escrevem cotidianamente. A presença nas fontes de casos como o de Menocchio, um moleiro que, na primeira pessoa, falou detalhadamente das suas leituras aos juízes da Inquisição, é excepcional. Qualquer que seja a época em que se estude a leitura, os grupos sociais com um contato menos habitual com a cultura escrita deixam menos registros da sua atividade. Mas isso não significa que eles não tenham tido contato com o conteúdo dos livros, por leitura direta como Menocchio ou, em ambientes de comunicação em que a oralidade tem uma importância fundamental, por ouvirem ler.

Não existe nenhuma solução para o problema da escassez de testemunhos diretos das práticas de leitura. A partir do momento em que se considerou insuficiente saber "quem" lia o "quê" e que o interesse se deslocou para compreender "como" se lia, estava criada a dificuldade. A leitura é um objeto de estudo que escapa sempre um pouco ao historiador que a quer agarrar. Mas isso não faz dela um objeto muito diferente de outros. A escassez de fontes ou o caráter indireto dos testemunhos são problemas que os historiadores encontram sempre e eles apenas se tornam mais visíveis quando pretendemos analisar práticas sociais: os gestos cotidianos, por exemplo, nunca nos aparecem descritos nas fontes de forma direta e de forma objetiva. O testemunho de Menocchio, por mais detalhado que tenha sido, não escapa a essa regra: obrigado a falar das suas leituras num tribunal que vigiava o cumprimento das normas relativas à ortodoxia da fé e da moral, as respostas do moleiro foram muito condicionadas pela sua posição de réu acusado de heterodoxia. Elas não são o relato objetivo das suas práticas de leitura. O mesmo acontece com outras fontes, como diários e autobiografias, em que encontramos referências à leitura feitas na primeira pessoa.

No entanto, existe uma maneira de contornar parcialmente essas dificuldades metodológicas colocadas pelo estatuto fugaz da leitura. Trata-se de prestar atenção a um outro pólo que caracteriza o ato de ler: o controle e os enquadramentos de diverso tipo a que ele está sujeito. Com efeito, se o leitor não é um recipiente passivo dos textos que lê, a sua posição também não é de absoluta liberdade. Este texto que você está lendo, por exemplo, propõe-lhe um determinado discurso com uma certa seqüência, uma certa organização interna que deve ser respeitada. Se você tentar lê-lo começando pelo último capítulo, ninguém o impede de o fazer. Mas isso constitui uma inversão da ordem que lhe foi proposta para compreender o sentido veiculado pelo texto. Ao aceitar esse contrato, implícito em qualquer leitura, o leitor entra no jogo que lhe foi proposto pelo autor e isso ocorre, como defendeu Michel de Certeau, no território que o autor escolheu previamente. Antes de o leitor existir, a escrita foi pensada para produzir nele determinados efeitos persuasivos, encadeando-se o discurso de determinada maneira, empregando-se metáforas e outras figuras de estilo, ou seja, utilizando-se uma retórica. Nela está implícita, uma certa imagem do leitor. No século XIX, por exemplo, a idéia de que o romance era uma leitura destinada essencialmente às mulheres fazia com que muitos autores, como acontece em Victor Hugo, José de Alencar ou Machado de Assis, se dirigissem retoricamente, nas suas obras, a essa audiência feminina imaginada. Na retórica deste texto que está lendo estão também implícitas certas imagens do leitor ou leitores a que ele se dirige, por exemplo, a de que ele tanto pode ser um especialista em história do livro como um não-especialista. Se esta imagem do leitor corresponde exatamente à realidade ou não, é outra questão: o autor do texto desenvolve sempre mecanismos que se antecipam aos leitores, procurando condicioná-los (Ong, 1975). Assim, uma das maneiras de, indiretamente, estudar a leitura, é proceder à análise dos referidos mecanismos presentes em cada texto.

A leitura acompanhada

Para além da retórica presente no texto, muitas outras estratégias foram utilizadas, em diferentes épocas, para condicionar, controlar ou reprimir os leitores e as leituras. Ao interessarem-se pela leitura, com efeito, os historiadores não fazem mais do que continuar uma velhíssima tradição. Por um lado, os poderes, fossem eles civis ou eclesiásticos, senhoriais ou coloniais, monárquicos ou republicanos, revolucionários ou contra-revolucionários, paroquiais ou familiares, sempre tiveram consciência de que a relação do leitor com o texto tinha qualquer coisa de incontrolável e sempre defenderam a idéia de que existem boas e más leituras, boas e más interpretações dos textos, dos livros, das imagens, dos discursos, do teatro, dos filmes. Todas as atitudes de censura dos poderes manifestam a vontade de impedir ou enquadrar a leitura e, como tal, podem transformar-se numa fonte para a sua história, tanto mais que são as administrações que controlam o texto escrito que deixam mais registros escritos da sua atividade.

Por outro lado, o controle das leituras não tem apenas uma componente repressiva, com a proibição da edição e da circulação de certos livros. Sendo a leitura uma prática socialmente enraizada, o discurso que a pretende orientar não é apenas motivado pela interdição, articulando-se, em cada época, com a questão da manutenção ou subversão das hierarquias culturais ou entre homens e mulheres. Um dos temas que têm sido privilegiados pelas histórias da leitura é assim o estudo, na longa duração, dos diferentes discursos e mediações que acompanharam especialmente certos leitores. As classes populares, as mulheres e as crianças foram grupos sistematicamente considerados como desprovidos de autonomia para escolherem e fazerem por si mesmos as suas leituras, necessitando do acompanhamento de padres, pais ou tutores. Por meio do exemplo da leitura dos textos religiosos na época moderna, essa questão pode ser mais bem-compreendida. No mundo católico, mas também entre os luteranos até muito tarde, a leitura direta da *Bíblia* estava reservada a uma minoria capaz de ler em latim ou em grego. A sua tradução escrita para as línguas vernáculas, compreendidas pela maioria da população, era proibida. Em sua substituição, redigiam-se catecismos, livros de salmos e resumos dos textos bíblicos que familiarizavam indiretamente os fiéis com o texto sagrado. O conhecimento da mensagem e das personagens bíblicas passava também muito pelas imagens e pela oralidade. Após o Concílio de Trento, a pregação pela palavra jogava um papel fundamental na transmissão da tradição canônica. Como sublinhou João Adolfo Hansen, esta pode ser considerada uma forma de leitura, feita de forma oral e coletiva (HANSEN, 2000). No entanto, essa leitura era mediada por um intérprete considerado mais qualificado, o sacerdote. Era ele quem devia ler e explicar o texto sagrado. Assim, a leitura da doutrina religiosa não era igual para todos: indireta e coletiva para quem ouvia ler, ela era mediada por um leitor que tinha um acesso direto, individual e mais freqüente ao texto.

O padre António Vieira entre os índios, representado em oposição de autoridade oratória.

Contra a idéia que nos faz hoje associar a leitura a uma prática solitária, os historiadores da leitura mostram-nos como ela foi uma prática acompanhada socialmente. E continua a sê-lo nos nossos dias. Em trabalho citado no primeiro capítulo, Anne Marie Chartier e Jean Hébrard demonstraram que, ao longo do século XX, mesmo quando a liberdade de expressão foi consagrada, os discursos sobre a leitura, veiculados pela Igreja católica, pela escola republicana ou pelos bibliotecários, procuraram controlar o conteúdo das leituras feitas pelos novos leitores produzidos pela democratização da escolaridade. Uma visão paternalista dos leitores fez com que bibliotecários, padres e professores, intermediários no acesso aos livros, procurassem desviar o público de certas obras, como o romance ou os livros de quadrinhos, e os dirigissem para outras, consideradas mais sérias e úteis (CHARTIER e HÉBRARD, 1995/1989). Outras formas de condicionamento menos explícito acompanham as leituras ao longo dos tempos: os prefácios e as dedicatórias aos textos que pretendem captar a simpatia ou o respeito do leitor, as críticas de jornal, a publicidade, as representações na pintura e na escultura, na fotografia e no cinema etc. Uma quantidade de modelos projetados sobre os leitores e as leitoras, atuando de forma por vezes inconsciente sobre eles, podem pois tornar-se fontes da história da leitura.

Uma biblioteca do século XXI, com livre acesso aos livros e posições de leitura informal.

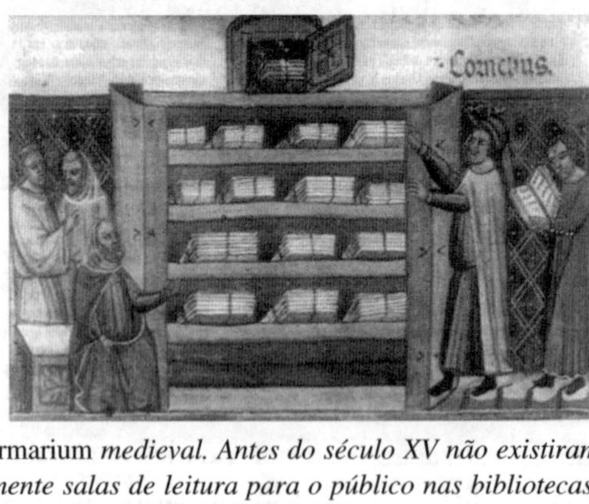

Armarium *medieval. Antes do século XV não existiram propriamente salas de leitura para o público nas bibliotecas. Nem por isso os livros deixavam de ser lidos e consultados. Mas, como objetos preciosos, eram guardados em armários fechados à chave, ou presos a correntes para impedir o seu extravio.*

A atenção aos espaços concretos em que decorre a leitura, como a sala de aula, as bibliotecas ou os gabinetes de leitura que se multiplicaram entre os séculos XVIII e XIX, assim como o interesse pelo mobiliário e pelos acessórios utilizados pelos leitores em cada um desses locais, permite-nos aprofundar ainda a relação entre os leitores e o ambiente cultural e social envolvente. Entre outros exemplos possíveis, a história das bibliotecas constitui uma bela ilustração de como podemos multiplicar as abordagens para estudar a leitura: a sua arquitetura e o mobiliário, a iluminação, a disposição física em que os leitores nelas se encontram, a forma como é organizado o acesso aos livros ou aos catálogos, a ordem de arrumação das obras, todos esses elementos vao influenciar o comportamento do leitor. Se observarmos a estrutura das salas de leitura nas bibliotecas do século XV, onde os livros se encontravam presos por cadeias de ferro a púlpitos e eram lidos em pé, e a compararmos com uma moderna biblioteca do século XXI em que os catálogos estão informatizados e o leitor pode ir buscar as obras diretamente às estantes e levá-las para o seu lugar, apercebemo-nos mais concretamente de como o espaço físico predispõe o leitor e a posição do seu corpo. Esse condicionamento não é apenas físico. Em cada época, as bibliotecas têm implícitas concepções do saber e da leitura socialmente partilhadas muito poderosas (Baratin e Jacob, 1996, p. 12). Por mais livre e confortável que seja o acesso dos leitores aos livros, a seleção e a ordenação das obras disponíveis acaba por favorecer certas leituras em relação a outras. É isso que faz com que dificilmente encontremos numa biblioteca as obras científicas lado a lado com os livros infantis ou outra literatura normalmente destinada às crianças. Por outro lado, as mudanças na estrutura física das bibliotecas relacionam-se sempre com mudanças culturais, sociais e com alterações na maneira de ler. Por exemplo, a criação de salas de leitura coletiva nas bibliotecas universitárias da Europa medieval, datando do século XIV, só foi possível, entre outras razões, com a generalização da leitura em silêncio. Antes disso, o murmúrio produzido por leitores que, para conseguirem compreender o sentido do que estavam lendo precisavam de vocalizar o texto, dificultava a sua reunião num espaço comum.

Se passamos das práticas de leitura aos discursos que acompanham os leitores e destes às bibliotecas, foi com o objetivo de contornar uma segunda dificuldade que, para além da escassez das fontes diretas, se levantou aos pesquisadores interessados pela leitura. Trata-se de ser capaz de conciliar a consciência da extrema diversidade das leituras possíveis com a noção de que a leitura é uma prática social, ou seja, não apenas individual. Como nos ensina a sociologia da leitura, ela depende de fatores como o grau de instrução, a origem social, a idade e o sexo. Por outro lado, ela é feita no interior de instituições como conventos e academias literárias, salões aristocráticos e bibliotecas republicanas, a escola ou a família. Em cada época, os leitores partilham entre si espaços, gestos e ritmos de leitura, assim como normas morais, estéticas e outros valores que influenciam a recepção dos textos.

De forma conseqüente com essa ambição, nos trabalhos mais recentes sobre a leitura procurou-se traçar um panorama das diversas maneiras de ler em cada época, identificando as principais mudanças ocorridas e construindo uma tipologia dos vários modelos de leitores e leituras no mundo ocidental, da Grécia arcaica à atualidade (Cavallo e Chartier, 2001/1995). Nessa história longa da leitura estão presentes também alguns dos temas de que falamos no primeiro capítulo: a passagem do rolo ao códice, trazendo consigo novos gestos de leitura ou a generalização da leitura em silêncio no período escolástico, associada a novos hábitos intelectuais. Outro momento considerado muito importante é o desenvolvimento de uma leitura a que se deu o nome de "extensiva", muito visível, por exemplo, no ambiente cultural alemão da época de Goethe, os finais do século XVIII. Ela caracterizou-se por um grande aumento da quantidade dos textos e livros lidos por cada leitor, uma espécie de "raiva da leitura" (em alemão, *Lesewut*), à qual nenhum texto publicado, fosse ele de que tipo fosse, escapava. À leitura "extensiva" contrapõe-se a leitura "intensiva": ela consiste na leitura regular e sempre recomeçada de um texto apenas ou de uma quantidade pequena de livros, como é o caso da leitura da *Bíblia* ou das citadas leituras de Menocchio.

Regresso ao livro

Curiosamente, o círculo que ao longo deste capítulo nos levou do livro em direção à leitura pode agora voltar a fechar-se por um "regresso" ao livro. Ao longo dos anos 1980 e 1990, a história francesa do livro esforçou-se por reatar os laços com a tradição bibliográfica da qual se distanciara nos anos 1950 e 1960. Acumulando um saber técnico por vezes muito exaustivo sobre tudo o que se relacionava com o livro impresso enquanto objeto físico, a bibliografia material comunicava pouco com as outras disciplinas que estudavam o livro sob outros ângulos. O seu diálogo com a história social e econômica do livro ou com a crítica e a história literária praticamente não existia. Especialmente desenvolvido na Inglaterra, o estudo dos aspectos físicos do livro foi renovado por D. F. McKenzie. Foi em *The Bibliography and the Sociology of Texts* (MCKENZIE, 1986) que este especialista em história da edição britânica sintetizou as suas principais idéias. Por um lado, era fundamental que o estudo do livro enquanto objeto físico incluísse uma abordagem histórica e sociológica. Não faz sentido, considerou McKenzie, estudar em detalhe todo o aspecto material do livro e a apresentação gráfica dos textos sem se considerar, ao mesmo tempo, os processos sociais que dão sentido à sua produção, transmissão e recepcão. Essa idéia representava um desafio aos bibliógrafos para abrirem os horizontes dos seus trabalhos e fazerem sair o livro do seu isolamento em relação ao mundo social, como propusera, desde os anos 1950 e 1960, a tradição francesa de história do livro.

Por outro lado, McKenzie convidou os historiadores que se interessavam pelo livro do ponto de vista da sua relação com o meio social e também os críticos literários a refletirem sobre como a forma dos livros tem efeitos sobre o seu sentido. Segundo McKenzie, todos os elementos não-verbais de um livro atuam, de um modo muitas vezes inconsciente, sobre a leitura e a compreensão. São elementos que são interpretados pelo leitor e que, tal como a retórica das palavras, orientam e condicionam o ato de leitura. Eles permitem complementar ou enriquecer o sentido do texto. Quando, por exemplo, um texto manuscrito é transformado num texto impresso, os impressores ou editores não estão reproduzindo o texto original do autor de uma forma neutra. Eles adicionam recursos expressivos ao texto. Quando não corrigem e adaptam o texto diretamente, o que acontece com freqüência, o trabalho gráfico que fazem é pensado em termos da leitura que vai ser feita. Eles escolhem o formato do livro, o papel, eventualmente a cor da tinta, o tipo de caracteres tipográficos, a disposição do texto na página, a pontuação, as imagens, as capitulares, o uso gráfico do espaço em branco. A todos esses elementos o leitor atribui significados, constituindo a sua seleção um trabalho criativo feito pelo editor. O mesmo aconteceu, evidentemente, com este livro que você está lendo. Devemos assim juntar à letra do texto e ao poder da escrita uma quantidade de recursos expressivos que estão presentes no livro impresso: há nele uma linguagem para lá da linguagem escrita. Interpretar essa linguagem é contribuir indiretamente para a compreensão do modo como, em diferentes épocas, os livros foram lidos.

A idéia de que, na expressão de McKenzie, "a forma afeta o sentido" pode ser mais bem-ilustrada por meio do exemplo da chamada literatura de cordel, nome que, no Brasil e em Portugal, se dá aos folhetos baratos em prosa ou em verso apregoados pelas ruas e mercados desde o Antigo Regime, um gênero editorial que na Península Ibérica e na América Latina, nomeadamente no Nordeste brasileiro, circulou intensamente até hoje. Na época moderna era freqüente que os textos escolhidos para serem publicados nessas coleções tivessem já circulado em livros e cancioneiros, fazendo parte de um repertório letrado bem conhecido anteriormente. Ao selecionarem um texto, abreviando-o, por vezes dando-lhe uma forma em verso adaptada à recitação oral, juntando-lhe gravuras, dividindo-o em capítulos, os editores dos folhetos de cordel decidiam sobre a forma em que os textos iriam aparecer com o intuito de captar e orientar a leitura de um público novo. Integrados em coleções de folhetos com aspecto semelhante e utilizando com freqüência as mesmas ilustrações nas diferentes histórias, muitos desses textos adquiriram, desde o século XVI, novos sentidos. Entre o texto e os seus leitores se interpôs o trabalho dos editores, acrescentando novos significados ao texto no jogo expressivo permitido pela página impressa e também pela criação de uma coleção com um aspecto gráfico comum. Adaptando a fórmula de Levenson sobre a leitura que citamos acima, podemos dizer que, segundo McKenzie, um texto muda quando a forma que o veicula muda.

Outro exemplo desse fenômeno é a publicação de obras de ficção em folhetins em jornais e revistas, prática muito comum entre os escritores do século XIX. Machado de Assis, por exemplo, publicou uma boa parte dos seus romances primeiro em periódicos como o *Jornal das Familias* ou a *Revista Brasileira*. A reunião das obras num volume em livro acontecia apenas posteriormente. Na passagem de um formato a outro, o significado da obra junto do leitor sofria alterações. A leitura de um romance num jornal era interrompida a cada número e era influenciada pela presença na página de outros textos e imagens que compartilhavam a seu lado o espaço. A escrita da obra era também influenciada pela periodicidade, que era transformada pelo autor em recurso narrativo: ela era utilizada para manter os leitores em suspenso e, eventualmente, integrar suas reações no desenvolvimento da narrativa. Mais tarde, a reunião de todos os folhetins num livro alterava a percepção do leitor, pois o ritmo de leitura alterava-se e o volume encadernado contribuía para conferir ao texto o aspecto contínuo e definitivo que ele não tinha inicialmente. A obra mantinha, no entanto, uma estrutura em episódios que lhe fora dada pelo primeiro formato.

História da escrita

Não há nenhuma razão lógica para que as idéias de McKenzie sobre a importância da forma e do grafismo não sejam também válidas para outras disciplinas também consideradas, normalmente, como territórios reservados a eruditos, como acontece com a bibliografia. Falamos da epigrafia, da paleografia e, em geral, da história dos sistemas de escrita. Nos últimos anos, a reflexão sobre o livro e a leitura tem sido enriquecida com um aumento dos trabalhos sobre os objetos escritos e sobre as práticas que os produziram. Esse interesse, que tem sido mais visível em obras publicadas na Itália, na Espanha e também em Portugal, inclui o livro impresso, mas vai bem para além dele.

Um dos nomes importantes na história da escrita é o do paleógrafo italiano Armando Petrucci, especialista da época medieval e moderna européias. Num dos seus livros mais importantes, esse autor interessou-se pela escrita do ponto de vista da sua linguagem gráfica (Petrucci, 1986). A partir da análise das inscrições em pedra feitas nos monumentos públicos das cidades italianas, na longa duração (das cidades italianas, do século XI ao XX), Petrucci revela-nos os significados políticos, ideológicos e estéticos que são transmitidos por meio da escrita, mas, dessa vez, enquanto expressão visual, não-verbal. Muito abundante nas cidades romanas, a escrita em pedra perdera importância com o recuo da civilização urbana durante a Alta Idade Média. O crescimento das cidades européias, entre os séculos XI e XIII, trouxe consigo uma redescoberta das funções civis e políticas dessa escrita. Ela não se limitava a informar: as inscrições públicas na arquitetura do espaço urbano constituem construções visuais que afirmam a dignidade de uma instituição. Marcada na pedra para durar e ser vista por todos, impressa ou pintada, afixada em lugares marcantes do tecido urbano ou em lápides funerárias, escrita em latim ou em língua vernácula, as escritas públicas representam um poder que suscita, mesmo para quem não sabe ler, uma adesão e um respeito. E elas se fazem no plural: a apropriação escrita do espaço urbano é feita não só por quem tem capacidade de afirmar um poder e criar memória, as ordens sociais mais poderosas, mas também por um contrapoder que se exprime em resposta subversiva, por exemplo, em escritos de parede difamatórios e críticos, como é o caso dos grafites.

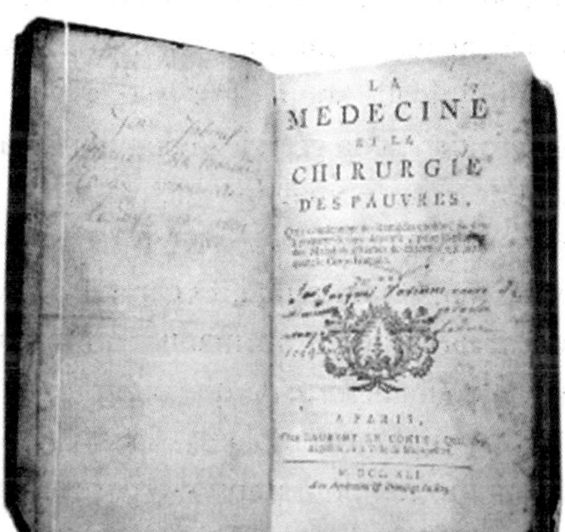

O papel expressivo do aspecto gráfico e do tamanho das letras é bem visível nos frontispícios das obras impressas, merecedores de um trabalho artístico específico. Nesta edição francesa de uma obra de medicina do século XVIII encontramos também assinaturas de dois prováveis anteriores proprietários, um do século XVIII, no frontispício, e outro do XIX, na página da esquerda.

As manifestações simbólicas da escrita estão presentes tanto nas letras esculpidas como nas impressas: em inscrições nos principais edifícios urbanos, nos túmulos, em escritos murais; em anúncios e placas comerciais; em estampas; em frontispícios de livros, no grafismo dos jornais e revistas, nas cartas de jogar, nos cartões de visita; em painéis de ex-votos etc. Como referimos, o tipo e o corpo de letra impressos têm um sentido e ele foi evoluindo com a história da tipografia. Se para o leitor de hoje esse aspecto pode parecer secundário, para os leitores da época medieval e moderna a importância da qualidade formal das letras do texto era muito grande. Essa é uma manifestação da fortíssima relação existente, na cultura ocidental e não só, entre as palavras e as coisas que elas representavam. Não existia, de um modo geral, a separação entre o conteúdo de um texto e a sua forma. Era todo o livro, do texto à encadernação e ao papel, que devia exprimir o sagrado ou a dignidade social. Por isso, a palavra de Deus ou a narração cronística da grandeza de um monarca deviam ser expressas em letras e imagens adequadas ao seu objeto. Isso também acontecia com o texto e o livro manuscrito, e talvez de forma mais clara ainda. O caráter personalizado e único da letra e da imagem no manuscrito emprestava-lhe um valor simbólico mais forte do que o impresso, que, ao ser reproduzido em múltiplos exemplares, se desvalorizava. Além disso, durante muito tempo o impresso permaneceu atrás do manuscrito na variedade de soluções de paginação, no detalhe da ilustração, na possibilidade de utilizar cores. Os autênticos tesouros medievais que são os livros com iluminuras, finamente decorados e com desenhos de um detalhe impressionante, detinham essa função e eram, precisamente, conservados como bens preciosos. Essa função permaneceu presente ao longo de toda a época moderna em livros manuscritos ricamente trabalhados que eram possuídos por uma pessoa ou instituição e não se destinavam a ser impressos.

Um segundo aspecto presente nos trabalhos sobre a escrita relaciona-se também com o seu poder, mas do ponto de vista da difusão social. Na Europa dos séculos XV e XVI, assistiu-se a uma utilização cada vez maior do escrito pelas administrações, fossem elas eclesiásticas, senhoriais ou, sobretudo, monárquicas. O recurso crescente das administrações ao escrito, fosse ele manuscrito ou impresso, permitiu-lhes um aumento da sua eficácia e da sua capacidade para enquadrar as populações administradas. Isso produziu como conseqüência uma grande valorização do escrito da parte destas. Conscientes da importância de saber escrever ou assinar, as populações do Velho e do Novo Continente, mesmo se majoritariamente analfabetas, adaptavam-se às necessidades geradas pela complexidade administrativa. Por exemplo, não sabendo ler nem escrever, aprendiam a assinar o seu nome ou recorriam aos serviços dos escrivões públicos, capazes de ler e escrever cartas, interpretar e escrever formulários etc. No filme *Central do Brasil*, de Walter Salles, a protagonista desempenha precisamente essas funções de intermediária entre iletrados. A aprendizagem da assinatura ou o recurso a escrivões representou então uma capacidade para executar atos administrativos cada vez mais indispensáveis, para recorrer a notários, comprar e vender, instituir heranças etc. Permitindo ganhar consciência disso mesmo, os trabalhos sobre a escrita feitos nos últimos anos sugerem-nos uma revisão crítica dos métodos de trabalho que tradicionalmente foram usados na história da alfabetização para as diversas regiões da Europa pré-industrial (Marquilhas, 2000). A idéia de que existia uma ruptura rígida entre o mundo dos alfabetizados e dos analfabetos tende assim a ser substituída por uma visão mais fluida das trocas entre ambientes culturais. Do mesmo modo que o acesso aos conteúdos de uma cultura letrada podia ir bem para além das elites, a existência de uma grande taxa de analfabetismo não era incompatível com um reconhecimento do poder do texto escrito e com o desenvolvimento de estratégias pragmáticas para lidar com ele.

História e literatura

Um outro divórcio que caracterizou o território heterogêneo que estamos percorrendo foi o que se criou entre a história e os estudos literários. Como vimos no início deste capítulo, a pesquisa histórica acerca da produção, da difusão e da posse do livro procurou contrariar a tendência da história literária e da história das idéias para estudar apenas os textos e os autores canônicos. Recorrendo à quantificação, os historiadores pretendiam abarcar o conjunto de toda a produção literária, procurando avaliar o peso da tradição e os *best-sellers* esquecidos. Mas ao mesmo tempo eles acabaram por se desinteressar pelo estudo do conteúdo dessas obras, limitando-se a olhar para o seu título e a catalogá-lo tematicamente. Ou seja, contavam os livros sem ler os textos. A história da literatura e das idéias, por seu lado, fazia o inverso: só lia os textos e pouco se interessava pelo contexto histórico da sua circulação e recepção na forma de livros.

Nos anos 90 do século XX, a história tomou mais consciência de como essa separação entre livro e texto era artificial e procurou reaproximar-se da análise literária. Ao fazê-lo, ela descobriu que do lado dos estudos literários existiam autores que propunham que o estudo das diferentes épocas literárias ganhasse maior consistência em termos históricos. A aproximação podia portanto ser feita nos dois sentidos. E ela podia ser feita, precisamente, a partir de uma abordagem inovadora da questão da leitura.

A idéia de que o leitor não é um elemento passivo e que contribui de forma criativa para fazer a história de uma obra foi defendida pela corrente da teoria da literatura chamada "estética da recepção". Ela nasceu na Alemanha e foi proposta nos trabalhos fundadores de Wofgang Iser e Hans Robert Jauss desde finais dos anos 1960. Para Jauss, é possível estudar historicamente a componente estética das obras a partir da sua recepção (JAUSS, 1993/1967).

Para explicar a sua idéia, o autor utiliza o exemplo do D. Quixote, de Cervantes, um dos grandes clássicos da tradição literária ocidental. Numa história literária tradicional, essa obra é lida como marcando uma ruptura relativamente aos textos de épocas anteriores. Analisa-se o que é inovador em Cervantes, mas apenas em relação com o cânone literário. Na sociologia ou na história social da literatura, por outro lado, a obra é vista como um mero reflexo da estrutura social da sua época. Em ambos os casos, ou por se sobrevalorizar o elemento estético ou o elemento social, o que se perde é a profundidade da relação entre a criação literária e o público, o caráter único (e histórico) da relação entre Cervantes e os seus leitores. Para Jauss, ao estudarmos a obra do ponto de vista da sua recepção, estamos contribuindo para superar essas limitações. A obra de Cervantes deve ser lida pelo historiador tendo em consideração as obras e o gênero literário que ela parodia. A utilização que ali é feita dos romances de cavalaria, que Cervantes imita e dos quais se distancia, permite-nos uma aproximação histórica da experiência estética dos leitores do seu tempo. Isso acontece porque essa experiência de leitura nunca é independente de uma série de outras obras que os leitores têm presentes ao lerem o *Dom Quixote*, aquilo que o autor chama um "horizonte de expectativa". Esse horizonte é alterado, deslocado por obras esteticamente inovadoras como a de Cervantes. A experiência estética provocada por D. Quixote vai atuar de modo irreversível sobre a produção literária que se vai seguir, alterando o modo como leitores e autores lêem e escrevem, contribuindo para a redefinição e mudança dos gêneros literários. Generalizando, podemos dizer que a relação autor/obra/público é, em cada época, uma relação dialética.

Depois da "estética da recepção", o caráter complexo das relações entre os textos literários e a sociedade de cada época foi sublinhado por outras correntes renovadoras da história literária, como é o caso do "Novo Historicismo", que se desenvolveu sobretudo nos Estados Unidos em torno dos estudos sobre Shakespeare e sobre a literatura do Renascimento inglês.[5] A aproximação entre história e literatura é solidária de outras mudanças de perspectiva ocorridas também na história das idéias que, por exemplo, nos trabalhos de Quentin Skinner[6], se dedicou também a procurar, na contracorrente da canonização ideológica feita para cada época, a relação entre "grandes" e "pequenos" textos da tradição intelectual. Em ambos os casos, foi o estudo bem contextualizado das obras, atento à sua linguagem, à sua difusão, ao seu impacto, que conduziu a uma renovação de perspectivas.

---

[5] Sobre esta corrente ver em português o artigo do seu principal mentor GREENBLATT, Stephen. "O Novo Historicismo: ressonância e encantamento". In: *Estudos Históricos*. Vol. 4, n. 8, 1991. Texto disponível na *World Wide Web* em *http://www.cpdoc.fgv.br/revista/asp/dsp_edicao.asp?cd_edi=22* (acessado em 26/3/2002).

[6] A sua obra mais importante é SKINNER, Quentin. *As fundações do pensamento político moderno*. (1ª ed. em inglês 1978). São Paulo: Companhia das Letras, 1996.

Para além do livro impresso

O que dissemos ao longo do capítulo anterior permite-nos voltar a olhar agora com um pouco mais de informação para as definições que apresentamos no início dele. O ponto de vista que escolhemos partiu da historiografia francesa, cuja contribuição pioneira para uma história do livro concebida em sentido amplo é reconhecida hoje em vários países. Como vimos, o âmbito dessa história foi-se alargando desde essa obra fundadora chamada *O aparecimento do livro* (Martin e Febvre, 2000/1958). A história da leitura apareceu como o complemento natural da história do livro de tradição francesa, interessada em estudar o livro como veículo de idéias em relação com a economia e a sociedade. Nos últimos anos, renovou-se o interesse pelos aspectos formais e gráficos da obra impressa e, mais além, pela retórica e pela escrita. O objeto de estudo tornou-se de tal modo vasto que o trabalho tem de basear-se na aproximação entre investigadores. Essa área de estudos ganhou assim um aspecto interdisciplinar muito forte. Como se afirma no número inaugural da revista *Book History*, estamos perante uma "zona acadêmica de fronteira" (Greenspan e Rose, 1998). Se a reflexão sobre a história da história do livro e da leitura pode ser útil, é porque ela nos ajuda a compreender que, mais do que uma disciplina só, com um objeto de estudo bem-definido, estamos perante um conjunto de disciplinas em diálogo. Esse encontro constituiu-se a partir da aproximação sucessiva de tradições acadêmicas distintas que, de uma forma ou de outra, se dedicam ao estudo do livro e do texto no passado. Fizemos referência a algumas delas: a crítica e a história literária, a história das idéias, a bibliografia, a paleografia, a história econômica e social, a sociologia da literatura, nomes acadêmicos que variam consoante as épocas, os países e os departamentos universitários. Podíamos referir outras de que não falamos, como a semiótica, a etnografia, a psicologia ou as ciências cognitivas.

Mas é também a interdisciplinaridade que torna essa área num território variado e heterogêneo, com limites difíceis de definir, à maneira de uma floresta tropical. É difícil encontrar uma perspectiva comum ou uma coerência global que a unifique. Isso em nada diminui a sua importância, antes pode constituir a sua principal riqueza. O livro e a leitura passam a ser o objeto em que se cruzam diferentes metodologias e correntes que nos ajudam a compreender as obras em relação com os mais variados aspectos do mundo social e cultural. Essa área torna-se assim um ponto de passagem: ela ajuda a quebrar barreiras e fronteiras entre saberes, estabelecendo-se como uma zona de comunicação entre diferentes especialistas onde antes essa comunicação não existia. Essa interpretação justifica-se plenamente se considerarmos, como defendem os autores que temos vindo a seguir, que o objeto de uma história do livro não é o livro em si, mas sim o que a sua "produção, disseminação e recepção revelam sobre o passado da vida e do pensamento humanos" (Mckenzie, 1992, p. 298). Foi com esse âmbito interdisciplinar que decorreu também o I Congresso de História do livro e da leitura do Brasil, promovido pela Associação de Leitura do Brasil e realizado em 1998 na Universidade Estadual de Campinas/Unicamp. Os seus trabalhos foram publicados recentemente numa obra coletiva intitulada *Leitura, História e História da Leitura* (Abreu, 2000). No "Projeto Memória da Leitura", desenvolvido pelo Instituto de Estudos da Linguagem da mesma Universidade e publicado na *World Wide Web*, para a compreensão da história e das práticas de leitura no Brasil são convocadas a teoria literária, a história social, das mentalidades, do cotidiano, da educação.[1]

Na França, o trabalho interdisciplinar concretizou-se numa monumental obra coletiva coordenada por R. Chartier e H.-J. Martin, abundantemente ilustrada e publicada em quatro volumes entre 1983 e 1986 (Chartier e Martin, 1989-1991). E o alargamento de perspectivas traduziu-se numa passagem da história do livro à história da edição. O livro impresso é integrado num circuito mais vasto que abrange as diversas fases da sua produção, da escrita do texto à venda da obra e os diferentes atores sociais que ela envolve, do autor ao leitor. É a atividade editorial que, ao longo das diferentes épocas, unifica os temas tratados em cada um dos volumes: incluem-se capítulos em que o livro é examinado como um objeto, envolvendo determinadas matérias-primas e técnicas de produção, composição, paginação, ilustração e imagem, impressão ou encadernação. Por outro lado, o livro é uma mercadoria e o resultado de uma atividade artesanal ou industrial, a ele se ligando grupos sociais específicos que escolhem os textos, financiam, fabricam, comercializam e transportam as obras, deixando as suas marcas nos objetos tipográficos. Os autores são inseridos nesse mundo social, analisando-se as sucessivas formas da sua remuneração, da sua relação com os ofícios ligados à edição, com os poderes e com o mercado literário. De cada um dos volumes constam textos sobre os diferentes regimes jurídicos e políticos que enquadraram a edição francesa, com os quais se relacionam a questão da censura ou da liberdade de imprensa, assim como a circulação de livros clandestinos, alvo de proibição ou resultado de contrafação. A evolução da geografia da produção e venda de livros, a importação e exportação de livros são descritos para cada época. O estudo

[1] *http://www.unicamp.br/iel/memoria/* (acessado em 26/3/2002). Em Portugal funciona, o Gabinete Interdisciplinar sobre o Livro e a Leitura (GILL). Ver *http://www.-ip.pt~ip200901/gill.html* (acessado em 26/3/2002).

das práticas de leitura e das instituições a ela associadas, como as igrejas, a escola, as bibliotecas, fecha esse circuito.

A *Histoire de l'Edition Française* tornou-se uma obra de referência para diversos países onde existem revistas e projetos de trabalho em torno do livro e da leitura. Nos Estados Unidos (Amory e Hall, 2000) e na Inglaterra (Hellinga e Trapp, 1999), foram lançados recentemente os primeiros volumes das respectivas histórias nacionais do livro e da edição, estando em curso projetos do mesmo tipo em diversos países. A internacionalização da pesquisa trouxe consigo novos âmbitos geográficos, novas cronologias, novas fontes e perspectivas. Como veremos um pouco mais adiante, o eurocentrismo marcou a tradição de estudos em história do livro e da leitura, e os debates que sintetizamos no dois capítulos anteriores não escapam a essa regra. A terceira e última etapa do nosso percurso constitui por isso também uma oportunidade para integrarmos no percurso que fizemos exemplos históricos menos centrados na perspectiva européia, nomeadamente relacionados com o livro e a leitura no Brasil. Se esse descentramento de perspectiva só aparece de forma mais clara neste terceiro capítulo, isso tem a ver com o itinerário retórico deste texto, além do mais feito de inevitáveis simplificações. Ele está longe de significar que o caminho que escolhemos seja o único possível ou que, antes da internacionalização dos estudos nesta área, não existissem diferentes tradições nacionais de investigação já constituídas.

Abolir as fronteiras nacionais

Uma característica fundamental dos estudos que atualmente se ocupam do livro, da edição e da leitura é a necessidade de modificar o âmbito geográfico estudado. Como referi no capítulo anterior, o desenvolvimento dos estudos bibliográficos fez-se em aliança com a história da literatura de cada país.

Sob o signo do nacionalismo contemporâneo, os estudos sobre o livro antigo confinaram-se, nos séculos XIX e XX, às fronteiras e às línguas nacionais. Hoje procura-se cada vez mais fugir a esse quadro, considerado inadequado e anacrônico. Na Europa, da época medieval aos nossos dias, assim como na América da época colonial e pós-colonial, o intercâmbio entre regiões distantes não conheceu fronteiras de tipo nacional, o mesmo acontecendo com o comércio de matérias-primas para o seu fabrico, com a circulação de impressores e livreiros, com a mobilidade física dos letrados, com o tráfico internacional dos textos em livros e correspondências. Como vimos quando falamos dos trabalhos de R. Darnton, a circulação de livros na França do século XVIII foi muito marcada pela entrada de livros clandestinos editados, impressos e distribuídos a partir de regiões situadas além-fronteiras. Na Inglaterra do século XVI, a importação de livros em latim feitos na Europa continental era uma parte fundamental do mercado livreiro (Hellinga e Trapp, 1999, p. XIX). Ao longo dos séculos XVII e XVIII, as Universidades e os conventos da Península Ibérica abasteciam-se também de livros latinos produzidos na Itália, na França, na Alemanha ou na Holanda. Durante o século XVIII, boa parte da importação de livros impressos para Portugal era feita por algumas famílias de livreiros de origem francesa sediados em Lisboa e noutras cidades do Reino (Domingos, 2000). Essas mesmas famílias estavam presentes na Espanha e na Itália. As redes de parentesco entre os livreiros eram fundamentais para o desenvolvimento das suas estratégias comerciais e elas ultrapassavam, claramente, as línguas e as fronteiras nacionais (Fontaine, 1993).

A imprensa foi, ela própria, um produto de exportação: nascendo na zona do Reno, a técnica foi-se espalhando progressivamente pela Europa e por outras partes do mundo colonizadas pelos europeus, transportada pelos homens que a sabiam manusear e que a instalaram em regiões distantes: ela chegou ao México e ao Peru no século XVI; na primeira metade do século XVII, iniciou-se a produção de impressos no Massachusetts e, depois, em diversos outros pontos da Nova Inglaterra, na costa leste dos atuais Estados Unidos. O comércio livreiro também se desenvolveu, na senda do restante tráfico de mercadorias, à escala européia e transoceânica. Até à guerra civil (1861-1865), a cultura literária norte-americana dependeu da importação de livros. Conscientes disso, os autores do primeiro volume da história do livro na América do Norte intitularam-no "O livro colonial no mundo Atlântico", decidindo integrar as suas investigações sobre produção, circulação e leitura de livros na Nova Inglaterra em estruturas e redes mais vastas, intimamente relacionadas com os transportes, os negociantes, as corporações, as instituições jurídicas e políticas, enfim, o mundo literário da metrópole britânica (AMORY e HALL, 2000). A mesma idéia aplica-se à história do Brasil. Adaptando uma frase de David Hall (1996, p. 27), podemos dizer que uma história do livro no Brasil não é uma história do livro brasileiro. Vamos deter-nos agora um pouco mais nessa questão, centrando a nossa atenção no período colonial.

Tal como o âmbito adotado por uma obra como a *História da Vida Privada no Brasil* (SOUZA e NOVAIS, 1997), são as duas margens do Atlântico e, mais além dele, os estabelecimentos portugueses no Índico – em vez das fronteiras terrestres muito mais recentes que hoje dão forma ao Brasil – que dão sentido à investigação sobre a circulação de livros e a leitura no período colonial, e é essa a perspectiva que está presente nos trabalhos mais recentes. De resto, muitas das fontes que os historiadores necessitam de consultar encontram-se em arquivos portugueses. É o caso das instituições de censura e de controle das leituras: a vigilância dos livros que circulavam nas frotas com destino à África, ao Brasil e à Índia esteve a cargo de tribunais, como a Inquisição ou a Real Mesa Censória, que tinham a sua sede em Lisboa, onde se situava o coração político do império colonial. Se o período considerado se situa entre 1580 e 1640, o âmbito geográfico das fontes administrativas é ainda mais amplo, com a inclusão dos domínios portugueses na esfera política do império espanhol. Por fim, se estudarmos o Maranhão ou outros territórios que hoje fazem parte do Nordeste brasileiro, como Pernambuco, entram também em consideração o estabelecimento temporário de outras potências coloniais naquelas regiões no século XVII, como a França e a Holanda.

O percurso dos autores e o intercâmbio dos textos seguem também esse padrão. A ausência de imprensa no Brasil até inícios do século XIX não impediu a escrita e a publicação de livros antes disso por autores de origem brasileira ou estabelecidos no Brasil, obras que eram impressas em Portugal ou noutras partes da Europa. A inexistência de universidade e a distância relativamente à metrópole também não impediram que os naturais da colônia procurassem uma formação universitária na Universidade de Coimbra, fundamental para o exercício de uma carreira bem-sucedida na administração régia. Um autor como Gregório de Matos Guerra, natural da Bahia, estudou direito na Universidade de Coimbra, ocupando cargos de magistratura em Portugal, na Bahia e em Luanda. Tradicionalmente reclamado pelas histórias literárias do Brasil e de Portugal, a carreira e as letras de Gregório de Matos só podem ser entendidas se levarmos em conta que

ARTE DE GRAM-
MATICA DA LINGOA
mais vſada na coſta do Braſil.
Feyta pelo padre Ioſeph de Anchieta da Cõpanhia de
IESV.
Com licença do Ordinario & do Prepoſito geral
da Companhia de IESV.
Em Coimbra per Antonio de Mariz. 1595.

A colonização do Brasil deu origem a um tipo específico de obras impressas em que a oralidade indígena foi transcrita para o alfabeto latino.

os temas das suas obras poéticas, os cânones literários e as academias que aquele autor freqüentou, tendo uma expressão local, circulavam entre os três continentes por onde ele passou, não podendo ser considerados exclusivamente brasileiros nem portugueses.[2]

No período colonial, acompanhando a mobilidade dos indivíduos, livros, textos e notícias eram transportados regularmente através do Atlântico e, mais além, para outros pontos do globo. Por outro lado, as necessidades de colonização e evangelização cedo exigiram a produção de textos impressos para circularem exclusivamente no Brasil. O melhor exemplo parece ser, a partir de finais do século XVI, a publicação de catecismos e gramáticas escritos em línguas indígenas, com obras como a do Padre José Anchieta acima reproduzida. Elas destinavam-se a facilitar a pregação e a conversão dos índios nas missões de jesuítas e outras ordens religiosas. O movimento literário fazia-se nos dois sentidos, seguindo o movimento das frotas: notícias e imagens da geografia das regiões descobertas, dos seus povos e da sua língua, da sua fauna e flora, começaram a circular sob todas as formas, manuscritas e impressas, na Europa e nos restantes continentes. Por fim, como último exemplo da comunicação literária que estamos sublinhando, refira-se que os letrados que desempenhavam cargos na administração colonial transportavam as suas bibliotecas, por vezes volumosas, para os locais onde se instalavam, no Rio de Janeiro, na Bahia, no Recife, Vila Rica ou outros locais. O mesmo faziam as ordens religiosas, constituindo as suas bibliotecas nos conventos espalhados pelas diversas capitanias e mantendo um contato permanente, por meio de correspondências regulares, com familiares, amigos ou com outros conventos. Estudos sobre a composição das

[2] Sobre Gregório de Matos, ver HANSEN, João Adolfo. *A sátira e o engenho. Gregório de Matos e a Bahia do século XVII*. São Paulo: Companhia das Letras/Secretaria de Estado da Cultura, 1989.

bibliotecas privadas salientaram a afinidade entre os livros possuídos em Minas no século XVIII e no Porto na mesma altura (Villalta, 1997, p. 362). A comunicação entre leitores situados a enorme distância do lugar onde eram escritos ou impressos os textos caracterizava esse universo letrado. Se é certo que os meios para estabelecer essa comunicação e para vencer fisicamente essas distâncias apenas estavam ao alcance de uma pequena elite política ou religiosa, os historiadores têm redescoberto a mobilidade de indivíduos e textos na época colonial, muitas vezes não referida nas fontes habitualmente consultadas.

O livro e a leitura no tempo longo: antes da imprensa

Como vimos no capítulo anterior, a investigação em história do livro desenvolveu o que podemos designar por culto pelo livro impresso. Durante muito tempo, a história do livro foi sinônimo de história das origens da tipografia. A historiografia francesa do livro afastou-se desse culto pelas origens da imprensa, mas manteve a tendência para colocar a época de Gutenberg e da tipografia artesanal no centro das suas atenções, o período entre os séculos XV e o fim do XVIII, considerada a época clássica do livro. As fases anteriores e posteriores da história da cultura escrita foram negligenciadas. Como notou R. Chartier, o próprio título de uma obra como *O aparecimento do livro*, dedicada ao estudo do livro impresso entre os séculos XV e XVIII, transporta em si as marcas desse menosprezo. Implicitamente, tal título considera que o livro nasceu com Gutenberg (Chartier, 1995, p. 28). Ora, como também já vimos, o aparecimento do códice data dos primeiros séculos da era Cristã. E a continuidade entre as maneiras de ler na baixa Idade Média e no Renascimento é um dos aspectos que foram sublinhados pelas investigações recentes (Saenger, 1995 e 1997). Assim, a ruptura que tradicionalmente se estabeleceu entre essas duas épocas deve ser atenuada.

Contrariando a tendência em olhar apenas para o livro impresso, a citada história da edição francesa integra no seu âmbito cronológico o livro medieval. Os autores consideram que podemos falar de uma edição dos textos anterior à tipografia. Se entendermos por "edição" a autorização concedida por um autor para que um texto seu seja divulgado ao público mantendo ele um controle sobre o conteúdo a divulgar, então ela existia na Idade Média. A leitura pública em voz alta, feita em locais como as universidades ou as cortes régias ou senhoriais, era um dos meios de dar a conhecer uma obra escrita. O outro era a cópia manuscrita feita a partir de um original revisto pelo autor. Nesses casos, o autor confiava esse modelo a uma instituição que depois reproduzia a obra a partir daquele exemplar único, ou oferecia-o a um patrono poderoso ou vendia-o a um livreiro: em qualquer dessas operações, o autor abdicava da posse exclusiva do seu texto e partilhava-o com uma audiência por meio de um "editor", recebendo em troca favores, proteção, prestígio social ou uma soma em dinheiro (Chartier e Martin, 1989/1983, p. 34-35). Ao recorrerem a um intermediário com capacidade para divulgar a sua obra, os autores tentavam assegurar para ela uma publicação feita a partir de um texto fixo, procurando controlar a apropriação dos seus textos por outrém e também a multiplicação de cópias adulteradas, tão características da cópia manuscrita e da transmissão oral.

Se recuarmos um pouco mais, devemos evidentemente estender o conceito de edição de obras a ambientes culturais em que a leitura e o contato com o escrito era muito freqüente, como a Antiguidade grega, romana ou bizantina. Numa perspectiva de um tempo muito longo, os objetos de uma história da edição dos textos deixam de ser apenas o códice impresso ou manuscrito, em papel ou em pergaminho, mas passam a ser todos os suportes e todos os meios da circulação de textos em todas as épocas, do rolo antigo ou das tabuinhas de escrita cuneiforme da Mesopotâmia até à atualidade do livro e da leitura no formato digital. É sobre a cultura escrita no seu todo, incluindo as formas da sua divulgação oral, que incidem as obras mais recentes.

Contra o eurocentrismo

Esse culto pelo livro impresso vem da Europa. Os estudos e os debates de que temos falado até aqui são marcados por uma perspectiva que vem da história européia e, mais especificamente, do Ocidente europeu. Foram a experiência histórica e a evolução dos modos de comunicação na Europa ocidental que dominaram os temas da investigação. Esse acontecimento particular que é a invenção da imprensa na segunda metade do século XV diz, em primeiro lugar, respeito à história da cultura européia. Só indiretamente, e por via da expansão dessa cultura, essa data se tornou também importante para outras regiões do globo. Os mais célebres impressores citados em qualquer obra geral sobre história do livro, como Johannes Gutenberg, Aldo Manuzio ou Robert Estienne são alemães, italianos, franceses. A história da difusão da tipografia concentrou-se nos centros urbanos europeus onde ela primeiro floresceu ou que viram nascer oficinas célebres, cidades como Mainz, Veneza, Paris, Antuérpia ou Amsterdã.

O caráter eurocêntrico da investigação tem uma ilustração evidente no caso dos territórios sob colonização européia na época moderna. Feitas a partir do ponto de vista europeu, as obras sobre história do livro mais conhecidas referem-se pouco à evolução da imprensa noutros continentes. E à América portuguesa, onde a tipografia apenas se instalou em inícios do século XIX, normalmente não é feita referência. Como já referimos e voltaremos a sublinhar, isso está longe de significar a ausência de produção, circulação, venda e leitura de livros, textos, imagens, obras impressas e manuscritas.

Mas o eurocentrismo torna-se ainda mais evidente quando comparamos a evolução do livro numa cultura marcada pelo cristianismo, como é a européia, com a sua história no interior de culturas não-cristãs. Basta pensarmos no exemplo da história do livro muçulmano no Oriente Médio, Norte de África ou em regiões européias onde se enraizou a cultura islâmica. A introdução da imprensa seguiu nesses territórios uma cronologia distinta da européia: a tipografia em língua árabe apenas se generalizou nos séculos XIX e XX. Mas se a cronologia é diferente, constituiria um grosseiro erro de perspectiva considerar essa diferença como resultante de um atraso. Pior ainda seria ignorar o papel absolutamente central que o livro e a escrita desempenham na cultura e na religião islâmica, o mesmo valendo para o judaísmo. O uso dos caracteres móveis era conhecido no império otomano desde o século XV, mas a sua utilização para a edição de livros em língua árabe foi proibida. Para além de ser alvo de restrições políticas, a utilização da imprensa manteve-se muito condicionada por fortíssimas razões econômicas, sociais e culturais durante alguns séculos. Entre essas razões, conta-se a forte sacralização do livro e da escrita em árabe, à qual se associou a valorização da caligrafia e da letra manuscrita. Isso explica que a litografia, técnica de impressão a partir da pedra que permitia uma construção da página mais próxima da que o texto sagrado tinha no manuscrito, se tenha difundido antes da tipografia. Dito isso, todos os temas que temos considerado fundamentais para a história do livro e da leitura no ocidente, relacionados com os diferentes modos de produção, transmissão e recepção dos textos, podem ser estudados no contexto específico da história da cultura ou, melhor, das diversas culturas islâmicas.

O mesmo tipo de comparações começou recentemente a ser feito para a cultura escrita do extremo oriente asiático.

Apercebendo-se crescentemente da sua ignorância relativamente aos tempos e aos modos dessa cultura, os historiadores ocidentais estão sendo obrigados a empurrar Gutenberg para fora do pedestal em que ele foi colocado. Apesar de a sua utilização ter sido limitada, tipos móveis de metal foram utilizados para a impressão de textos na Coréia desde o século XIII. Caracteres de terracota e de madeira foram, na mesma altura, conhecidos, embora pouco difundidos, na China. Mais importante do que isso, a impressão em blocos de madeira, pela técnica da xilogravura, constituiu uma técnica milenar que conheceu uma difusão muito ampla nas referidas civilizações e também no Japão. Tal como aconteceu com o livro árabe em relação à adoção da litografia, a xilogravura foi preferida tanto por se adaptar melhor às escritas ou às línguas orientais como por reproduzir melhor a caligrafia manuscrita. Uma vez mais, as enormes diferenças existentes relativamente à experiência histórica ocidental não impedem que possamos estabelecer comparações fecundas com a história da cultura escrita oriental.

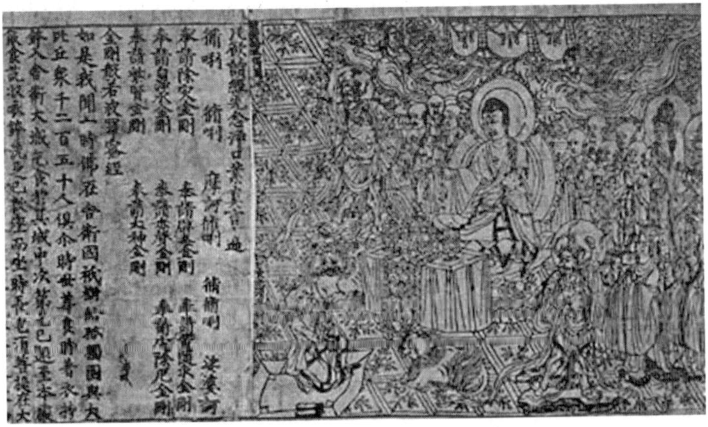

Muito antes da Bíblia de Gutenberg, *o chamado* Sutra do Diamante *pode bem reivindicar o título de livro impresso mais antigo. Encontrado perto de Dunhuang, na China, este rolo data provavelmente do século IX. Reproduzido a partir de blocos de madeira gravados, ele é composto de 7 folhas de papel e tem cerca de 5 metros de extensão.*

Entre os temas que podem ser comparados, podemos enumerar a relação entre a reprodução manuscrita e a impressa, a censura, a pirataria editorial e os constrangimentos políticos que envolvem a publicação, os custos materiais da edição, a estrutura do mercado literário, a importância dos laços familiares na ação dos livreiros, o estatuto social dos autores e as diferentes maneiras de ler.[3]

Na era de Gutenberg: outras publicações

O trabalho comparativo com épocas e civilizações distintas permite, em troca, um enriquecimento da história do livro e da leitura no próprio mundo ocidental. Mesmo na idade clássica do livro impresso, a da tipografia artesanal, faz sentido olhar bem para além dele. Por um lado, porque o livro manuscrito e a divulgação dos textos pela oralidade, que caracterizamos como formas de edição anteriores à invenção da imprensa, continuaram a existir ao lado da publicação impressa até, pelo menos, inícios do século XIX. Por outro, porque nas tipografias nunca se imprimiram apenas livros, mas uma quantidade variada de objetos impressos. Comecemos por este último aspecto.

As tipografias artesanais imprimiam uma quantidade de objetos não livrescos, nomeadamente folhetos ocasionais e periódicos, panfletos políticos, orações religiosas, éditos régios ou eclesiásticos de grande dimensão para serem afixados e dados a conhecer ao público, retratos e gravuras feitas

[3] Estas sugestões comparativas encontram-se em CHARTIER, Roger. "As revoluções da leitura no ocidente". In ABREU, Márcia (org.). *Leitura, história e história da leitura*. Campinas/SP: Mercado de Letras, Associação de Leitura do Brasil; São Paulo: Fapesp, 2000, p.19-31. Na Internet, encontra-se disponível um pequeno artigo em inglês do mesmo autor mais especificamente dedicado ao oriente Asiático. Ver CHARTIER, Roger. "Gutenberg Revisited from the East". In: *Late Imperial China*. vol. 17, 1, 1996. Disponível em *http://www.press.jhu.edu/demolate_imperial_china/17.1chartier.html;* (acessado em 26/3/2002).

a partir de madeira ou de metal, pautas musicais ou mapas. Muitos desses objetos avulsos, muitas vezes não-encadernados e por isso mais frágeis do que os livros, chegaram em menor quantidade do que estes às bibliotecas dos nossos dias. Mas isso não significa que eles não fossem lidos, não circulassem e não tivessem importância, a começar pela importância econômica que podiam assumir para livreiros e impressores. Com efeito, durante esses cerca de quatro séculos que R. Chartier (1981) designou como o "Antigo Regime Tipográfico", a edição de impressos era uma empresa econômica arriscada. A publicação das obras era cara, onerada pelo elevado custo das matérias-primas, do papel e da mão-de-obra. Além disso, as obras dependiam da autorização prévia do poder civil e/ou eclesiástico e precisavam muitas vezes de um mercado protegido: sujeitos a verem as suas obras pirateadas, autores e impressores recorriam com freqüência a privilégios e à proteção de mecenas para financiar ou incentivar a publicação dos livros.

Nesse contexto difícil, o escoamento de uma edição, dado o elevado investimento e a incerteza do lucro, era a grande obsessão de quem editava. Publicações como os periódicos, os folhetos volantes, os almanaques ou os textos escolares, mais baratos do que os livros e permitindo um retorno do investimento também mais rápido, permitiam aos livreiros e impressores acumular capital para se lançarem em empresas editoriais maiores. Os periódicos impressos, que nasceram na Europa no século XVII, introduziram progressivamente novas maneiras de organizar o trabalho na tipografia e permitiram a exploração de novas formas comerciais. Por exemplo, o sistema de venda por assinatura, que mais tarde se estendeu aos livros, nasceu com eles. Assim, podemos dizer que na época da tipografia artesanal, o livro e o jornal têm histórias paralelas, pertencem ao mesmo mundo. (Sgard, 1990/1984). A sua separação não faz sentido nem em termos de história da edição nem em termos de história da leitura. Tal idéia aplica-se também ao período contemporâneo. Se ao longo do século XIX, o modo de produção e o formato dos periódicos se destacou do livro, os autores e os editores continuaram a mover-se entre os dois produtos. Demonstra-o exemplo da publicação de romances por folhetins, a que já nos referimos, em que os jornais serviam de balão de ensaio para a edição de obras de ficção.

Uma atenção crescente à importância da comunicação manuscrita é um segundo aspecto que nos convida a retirar a exclusividade ao livro impresso como meio de comunicação do texto escrito. A massificação do livro e do texto impresso, tão característicos da época contemporânea, fizeram-nos identificar publicação com letra de imprensa. Isso dificulta-nos a compreensão de como, em épocas mais recuadas, o manuscrito teve um certo grau de difusão pública. Se isso é bem visível na atividade dos copistas medievais, só recentemente os historiadores começaram a interessar-se também pelos modos da publicação manuscrita na época moderna.[4] Ao lado do livro e dos vários tipos de outros objetos que eram impressos, livros, cartas, tratados, poemas, genealogias e pautas musicais eram reproduzidos pela via manuscrita. Enquanto o impresso se destinava a um público relativamente alargado, que podia atingir centenas ou mesmo milhares de leitores, o manuscrito era reproduzido de mão em mão. Quando se tratava de chegar a um número reduzido de leitores, ele, era mais discreto porque em princípio não era controlado pela censura, era mais barato de fazer e era de difusão mais rápida. Os dois

[4] Sobre este assunto, veja-se em primeiro lugar a obra de BOUZA, Fernando. *Del escribano a la biblioteca. La civilización escrita en la Edad Moderna (siglos XV-XVIII)*. Madrid: Sintesis, 1992, esp. o segundo capítulo. O tema pode ser aprofundado nas obras de LOVE, Harold. *The Culture and Commerce of Texts. Scribal Publication in Seventeenth-Century England*, (1ª ed. 1993). Amherst, Massachusetts: Univ. of Massachusetts Press, 1998 e em MOUREAU, François. (org.). *De bonne main. La communication manuscrite au XVIIIe siècle*. Paris: Universitas e Oxford: Voltaire Foundation, 1993. Estas duas obras contêm, respectivamente, análises sobre a comunicação manuscrita na Inglaterra do século XVII e na França do século XVIII.

meios de comunicação eram utilizados de forma complementar, não oposta, consoante a situação e o público que se pretendia atingir.

O caso das cartas é emblemático dessa forma de publicação por meio do manuscrito. Na época moderna, elas nem sempre foram um meio de comunicação exclusivamente privado. Para dar um exemplo entre muitos possíveis, ao lermos as cartas trocadas em meados do século XVIII entre o jovem conde de Assumar, estudante em Paris, e o seu pai, D. Pedro Miguel de Almeida Portugal, então Vice-Rei da Índia, podemos ver como o correio era por vezes lido por várias outras pessoas da família ou próximas do conde e do Vice-Rei.[5] O mesmo fenômeno se verificava com a correspondência diplomática: altamente secreta durante o percurso, ela podia ser lida por várias pessoas para além do destinatário quando chegava. Como a comunicação à distância era difícil e lenta, como a informação era escassa e eram grandes os riscos de extravio, as cartas tinham um estatuto semipúblico, e quem as escrevia fazia-o já pensando nisso.

Carta do Padre Antônio Vieira ao rei D. Afonso VI (cópia do seu próprio punho).

Por outro lado, as cartas ou textos de autores importantes ou relativas a acontecimentos dignos de memória eram cobiçadas e

[5] Esta correspondência foi recentemente publicada em MONTEIRO, Nuno Gonçalo *Meu pai e meu senhor muito do meu coração. Correspondência do conde de Assumar para seu pai, o marquês de Alorna*. Lisboa: ICS/Quetzal Editores, 2000.

copiadas com freqüência. Assim aconteceu com a correspondência do Padre António Vieira. Impressas pela primeira vez em Lisboa em 1735, bem depois da morte, em 1697, do célebre jesuíta, elas conheceram uma difusão manuscrita grande antes da edição impressa e contribuíram para a grande reputação literária que o seu autor adquiriu no seu tempo. O mesmo aconteceu com inúmeras correspondências, livros manuscritos, gazetas e obras poéticas, entre as quais podemos destacar, novamente, as sátiras de Gregório de Matos. Numerosas cópias das suas poesias – apenas impressas no século XIX – circularam manuscritas nos séculos XVII e XVIII, dando fama na época ao seu autor, encontrando-se hoje conservadas em diversas bibliotecas e arquivos brasileiros, portugueses ou norte-americanos.

O exemplo do padre António Vieira permite-nos referir um terceiro modo de publicação dos textos para além do livro impresso. Já aludimos a ele no capítulo anterior e ao falarmos dos modos de edição medieval. Tal como as suas cartas foram difundidas manuscritas antes de serem impressas, os sermões de Vieira fizeram-no célebre como pregador antes de chegarem a ser difundidos pelo prelo. Se hoje os lemos como um texto, devemos ter presente que originalmente eles foram escritos para serem ditos em voz alta. Na altura de escrever os seus sermões, Vieira utilizava preceitos retóricos e poéticos adequados à oralidade e à audição, contando o pregador para isso com recursos como o tom de voz, os gestos e a posição do corpo (Hansen, 2000). Outros exemplos de publicação oral dos textos, com recursos expressivos bem diferentes da publicação impressa, são as orações pronunciadas nas academias literárias, as representações teatrais ou as histórias contadas e cantadas em verso. É conhecida a circulação sob a forma oral no Brasil colonial de certas narrativas de origem medieval, como é o caso das histórias de Carlos Magno ou dos doze pares de França. Quando, em meados do século XIX, os leitores brasileiros começaram a poder comprar algumas dessas histórias na sua forma impressa, em livros de cordel

Por vezes, o folheto de cordel propõe ao leitor uma imagem da própria leitura dos folhetos, feita em voz alta, ao serão (gravura em bloco de madeira).

importados pela Livraria Garnier, é bem provável que algumas delas já fossem conhecidas bem antes, não só pela via escrita, em versões mais antigas dessa literatura, mas sobretudo pela via oral (Galvão, 2000, p. 25). Esse riquíssimo tema da literatura de cordel, em que se articulam oralidade e escrita, cultura letrada e cultura popular, formas poéticas e canto, é uma das questões que mais tem interessado a historiografia brasileira recente.

As conversas eram ainda outra maneira de difundir o conteúdo dos livros. Por essa razão, as instituições que controlavam a impressão e venda de livros, vigiaram também os diversos modos de propagação do seu conteúdo, entre os quais estavam o empréstimo das obras e a divulgação oral. Foi por falar publicamente das suas idéias heterodoxas que o moleiro Menocchio foi preso pela Inquisição. Progressivamente, esta e outras instituições de controle das leituras começaram a vigiar certos espaços onde os livros proibidos eram comentados, como os cafés ou boticas. Sobretudo após a Revolução Francesa e com a propagação da filosofia das Luzes, esses novos lugares de sociabilidade e de conversa foram considerados particularmente subversivos pelas autoridades políticas e religiosas.

Ampliar as fontes

Com a constatação de que, entre os séculos XV e XVIII, o que se publicava e o que se lia estava longe de se reduzir ao livro impresso reencontramos uma questão que ciclicamente tem aparecido neste texto. A circulação de materiais escritos que se apresentam aos leitores sob múltiplas formas, inclusive pela oralidade, convida a não colocarmos em oposição rígida leituras de elite e leituras populares e, mesmo, a esbater por vezes as fronteiras entre alfabetos e não-alfabetizados. Daqui se retira uma conseqüência importante: qualquer investigação sobre a leitura precisa de ir bem para além do elenco de obras indicadas nas fontes tradicionalmente utilizadas em história do livro e da leitura. Em primeiro lugar, porque essas fontes são incompletas. Folhetos e orações impressos, gazetas e cartas manuscritas são textos pouco referidos em fontes como os catálogos de bibliotecas privadas ou de livreiros, os inventários de bens em testamento ou as listas de livros transportados em navios declarados à Inquisição. Eles não estão assinalados nas fontes por várias razões, entre as quais algumas que se prendem aos motivos por que esses registros eram feitos: de um modo geral, os livros eram merecedores de inventário, enquanto outros objetos escritos mais frágeis eram considerados de pouco valor econômico para vender e, por isso, não eram registrados.

Para além de incompletas, essas fontes são demasiado estáticas: elas não nos permitem compreender o dinamismo da leitura. Ainda mais do que os livros, folhetos e outros objetos não-encadernados circulavam de mão em mão com facilidade: os seus leitores eram sempre mais numerosos do que os seus proprietários. Livros e imagens que passavam de mão em mão, textos lidos e comentados em voz alta, audiências analfabetas com acesso ao escrito por interpostas leituras em voz alta: um pouco por toda a parte, segundo uma imagem usada por Daniel Roche para o texto impresso, mas que podemos aplicar a todos os textos, "o processo de difusão do impresso baralha as cartas" (Roche, 1995, p. 237). Em qualquer pesquisa sobre a circulação e recepção dos textos no passado, uma boa parte da tarefa consiste em tentar imaginar o que circulou e o que foi lido para além do que dizem as fontes e as obras que foram conservadas. Esse esforço de imaginação deve ser complementado com as dúvidas metódicas sobre a leitura a que nos referimos no capítulo anterior: não é por serem possuídos ou comprados que os livros são necessariamente lidos.

A consciência crescente ganhada pelos historiadores de que as leituras efetuadas e o acesso ao conteúdo das obras não se reduziram nunca ao livro impresso contribuiu de certa forma para uma revisão na maneira de encarar a questão da ausência de imprensa no Brasil da época colonial. Tradicionalmente vista como uma demonstração do atraso cultural da colonização portuguesa relativamente à de outras potências coloniais, ela esteve longe de ser responsável pelo deserto na produção e circulação de livros e textos impressos, na forma manuscrita ou pela oralidade. O papel complementar desempenhado pela cópia manuscrita e o valor atribuído à transmissão oral dos textos permitem enriquecer a forma de ver o problema e convidam-nos a diversificar as fontes e a procurar as formas de circulação dos textos fora de uma lógica centrada exclusivamente no texto ou no livro impresso. Note-se que não se trata aqui de negar a importância e o impacto da ausência de imprensa na América portuguesa. Trata-se de uma característica fundamental da sua história cultural e social, inscrita na longa duração, a qual resultou de uma vontade expressa da Coroa. Em 1747, o impressor lisboeta António Isidoro da Fonseca pretendeu instalar-se no Rio de Janeiro, onde sabemos que imprimiu pelo menos um folheto. A tipografia foi imediatamente proibida e o impressor teve de regressar a Lisboa com o seu material. Essa atitude ilustra de modo muito evidente a dependência do território em relação a um centro político e cultural situado no outro lado do Atlântico. Para que a imprensa chegasse ao Brasil, foi necessário que o referido centro político, ameaçado de perda de soberania na Europa por causa das invasões napoleônicas em Portugal, se transferisse para o Rio de Janeiro em 1808. No entanto o alargamento das perspectivas em torno do livro e da leitura de que temos vindo a falar permite-nos juntar à questão política uma reflexão sobre os diversos modos de comunicação na época, entre o impresso, o manuscrito e a oralidade. É a partir dessa diversidade de meios de comunicação e do estudo do papel de cada um desses meios de comunicação na transmissão da memória escrita que faz sentido analisar o significado histórico da ausência de produção tipográfica no Brasil colonial e da sua dependência cultural da metrópole.

Na época contemporânea: novos impressos

A relativa ausência da época contemporânea nos trabalhos de história do livro e da leitura até uma época recente é mais uma conseqüência do privilégio que ela atribuiu à edição européia na era de Gutenberg. O resultado é paradoxal: a era em que a industrialização da tipografia elevou as tiragens e número de títulos de obras publicadas a patamares nunca antes atingidos foi negligenciada pela investigação histórica. Essa tendência começou a ser corrigida. A maior novidade da história da edição francesa é o prolongamento do âmbito cronológico da obra até 1950, consagrando-se dois volumes aos séculos XIX e XX. Ao longo desse período, o mercado literário e a edição sofreram profundas transformações na sua estrutura e economia, com o aparecimento do editor como atividade profissional autônoma, a progressiva emancipação socioprofissional dos autores que passaram a receber direitos pela publicação (*copyright*), o fim dos privilégios e da censura prévia para os livros (Chartier e Martin, 1990/1985, p. 5-8).

Esse período é caracterizado pela emergência de novas camadas de leitores que a escola e a urbanização ajudaram a produzir. A era contemporânea coincidiu também com a perda da hegemonia do livro impresso na comunicação escrita. A produção do livro foi ultrapassada por objetos tipográficos mais baratos, a começar pelo jornal. Diários de grande tiragem, revistas e brochuras, cartas de jogar, cartões de visita, anúncios publicitários, e, na época do consumo em massa, todos os tipos de suportes e materiais passaram a receber texto impresso. Trabalhar sobre a leitura no período contemporâneo implica olhar para todas essas manifestações de uma cultura tipográfica generalizada em que as solicitações ao leitor são as mais variadas, gerando uma enorme quantidade de fontes e objetos de estudo possíveis. A enorme variedade das práticas de leitura caracteriza a sociedade contemporânea (Chartier e Cavallo, 2001/1995, p. 45).

Belo Horizonte: um exemplo da profusão de mensagens escritas no espaço urbano atual

Nos trabalhos sobre história da leitura no Brasil no período contemporâneo, os textos didáticos, editados nos finais do século XIX e no século XX e estudados em relação com o processo de escolarização, constituem um tema de investigação privilegiado, por diversas razões. Em primeiro lugar, pela sua importância na economia da edição: até aos dias de hoje, eles desempenham um papel central no panorama editorial brasileiro, constituindo a maior parte da produção. Depois, porque o livro didático constituiu, desde o século XIX, uma alternativa para a difícil autonomização profissional do escritor brasileiro. Essa autonomia, por sua vez, articula-se com questões políticas fundamentais da história brasileira: num mercado estreito, a adoção em meados de Oitocentos de manuais de pedagogia importados de Portugal, como os de João de Deus e Antônio Feliciano de Castilho, constituiu objeto de intensas polêmicas e fez com que se cristalizasse um discurso intelectual nacionalista em torno do projeto escolar. Por fim, porque os livros didáticos têm um impacto social na sociedade brasileira do século XX a que mais nenhuma obra impressa pode ambicionar: para boa parte da população, este é o principal objeto em torno do qual se organizam as práticas de leitura. Todos esses aspectos fazem convergir para o livro didático uma série de interrogações históricas fundamentais que se prolongam até ao nosso presente, por trás das quais encontramos o interesse pela alfabetização, pela qualidade do ensino e pela democratização da leitura como condições de cidadania.[6]

O livro escolar e o texto infantil interessam-nos também por outras razões. Eles constituem uma demonstração exemplar de como os novos objetos da história do livro e da leitura passam por uma atenção por livros e textos desvalorizados pelos cultores do livro antigo clássico e pelos cânones literários, e também a objetos escritos que não são livros. Desprestigiados socialmente, os livros e os textos usados na escola são frágeis e rapidamente se estragam ou desatualizam. Eles são muitas

[6] Para estas questões relacionadas com o livro didático, apoiamo-nos neste parágrafo e no seguinte em BATISTA, Antônio Augusto Gomes. "Um objeto variável e instável: textos, impressos e livros didáticos.", In: ABREU, Márcia (org.). *Leitura, história e história da leitura*. Campinas, SP: Mercado de Letras, Associação de Leitura do Brasil; São Paulo: Fapesp, 2000.

vezes manuseados por vários utilizadores e vivem ao ritmo dos semestres escolares. Eles podem ser alvo das mais diversificadas apropriações nem sempre intelectuais: para além de lidos e consultados, esses textos são recortados, sublinhados, pintados ou completados de diversas maneiras pelos seus utilizadores. Alvo de uma leitura coletiva que pode ser feita em voz alta, eles só ganham sentido quando integrados no contexto da sala de aula e da relação professor/aluno. Entre os suportes dos textos utilizados na sala de aula contam-se, entre outros, os cadernos e as folhas, os cartazes e as cartilhas, os videocassetes e os kits experimentais. A reprodução dos textos também está longe de se limitar à tipografia: utilizado pelo aluno para escrever, o texto manuscrito circula na escola como material didático em fichas e documentos de leitura. Métodos artesanais ou modernos de impressão usados na escola, como o mimeógrafo, o xerox e o computador, escapam à tipografia.

Nas práticas didáticas, no meio dos livros, professores e alunos manuseiam o mais variado tipo de material.

Muitos outros textos e objetos impressos são alvo de apropriações não-intelectuais. A sua leitura e o seu uso estão intimamente ligados à ação cotidiana e ao desempenho de uma função prática. É bem conhecida dos antropólogos da escrita a crença nas propriedades mágicas ou sagradas do livro ou a tendência para fazer de orações impressas amuletos protetores que se transportam junto ao corpo para proteger o seu portador de ameaças. Uma imensa quantidade de livros foi e é lida com funções muito práticas em todas as épocas, ocupando boa parte das bibliotecas: manuais para a contabilidade dos mercadores, formulários para ensinar a escrever cartas, livros de receitas de cozinha, manuais de medicina ou de mecânica, pautas de música. Eles são alvo de uma leitura não-linear, feita de consultas sistematicamente interrompidas e de novo repetidas. Identificando tradicionalmente os usos do livro com o saber intelectual ou com a leitura de ficção feita por puro prazer, os historiadores incluem hoje entre os seus objetos de pesquisa as utilizações práticas do livro e os textos úteis.

Outros textos

Na era industrial da tipografia, o aperfeiçoamento das técnicas de ilustração, culminando no aparecimento da fotografia, permitiu também, em relação à época editorial anterior, um enorme desenvolvimento da capacidade expressiva da imagem e novas modalidades de combinação entre ela e o texto. Essas duas linguagens, escrita e icônica, nunca foram pensadas como estando em oposição nem pelos editores de jornais, revistas ou livros ilustrados, nem pelos seus leitores. A mesma exigência metodológica de não separar texto e imagem aplica-se à investigação, qualquer que seja o período histórico. É com este último tema que terminamos o nosso percurso.

Se ao longo deste texto defendemos que a leitura é uma atividade de atribuição de sentidos, então existe também uma leitura dos sentidos transportados pela imagem e pelos recursos de que ela dispõe. Nem toda leitura é leitura de texto. Podemos falar de uma leitura das imagens presentes em igrejas, nos monumentos, nas casas, nos objetos, na pintura, na fotografia, no teatro ou no cinema. Podemos também falar de uma leitura das imagens televisivas. Existe mesmo, como vimos quando nos referimos à obra de D. F. McKenzie, uma leitura da imagem do texto que dá sentido à linguagem gráfica das letras ou da disposição da página. Essa idéia é válida para épocas anteriores também. A importância da imagem na transmissão da doutrina católica pós-Concílio de Trento é bem conhecida dos especialistas da história religiosa. Tal como a pregação pela palavra, as imagens impressas em livros, folhetos ou cartazes, desenhadas em objetos de culto, pintadas nas igrejas, transmitiam aos fiéis significados teológicos profundos. Na expressão usada por um padre jesuíta do século XVI, as imagens são "livros por onde o povo aprende".[7]

Regressando ao século XX, estas são, em coerência com a perspectiva que temos defendido aqui, boas razões para não estabelecermos uma oposição prévia entre o livro e os grandes meios de comunicação de massas, rádio, cinema e televisão. Como referimos no primeiro capítulo a propósito da "crise da leitura", essa oposição precisa ser comprovada a cada passo. Encontramos muitos exemplos de uma articulação eficaz entre a televisão e a obra de autores literários. O sucesso da adaptação de romances para rádio e televisão de autores como Érico Veríssimo, Monteiro Lobato ou Jorge Amado teve como efeito uma ampliação por novos meios da audiência das suas obras entre quem não as lia anteriormente e impulsionou a sua venda entre quem as lia. Uma vez mais, isso não significa passar ao extremo oposto que consistiria na negação da existência na atualidade de meios de comunicação que fazem

[7] A frase é do padre Sebastião Gonçalves, citado por CURTO, Diogo Ramada. "Cultura escrita e práticas de identidade". In: BETHENCOURT, Francisco e CHAUDHURI, Kitti (orgs.). *História da expansão portuguesa. Vol. II: do Índico ao Atlântico (1570-1697)*. Lisboa: Círculo de Leitores, 1998, p. 471.

concorrência ao livro e à leitura na transmissão de conhecimentos no cotidiano. No entanto, essas ameaças não parecem estar diretamente inscritas nas tecnologias. A relação entre o livro e o digital deve ser encarada, como defende Jean Hébrard, do ponto de vista das suas utilizações, e não dos objetos em si.[8]

Do ponto de vista de quem escreve a história desses objetos, não há nenhuma razão lógica para que a idéia de relacionar sempre o discurso com a forma em que ele aparece não se estenda a toda a comunicação. Esta inclui, para além de todo o tipo de objetos escritos, impressos ou não, a voz e o gesto. Para o historiador, que trabalha com fontes, isto é, com testemunhos do passado que ficaram registrados de alguma maneira e chegaram até nós, tal significa recorrer aos diferentes suportes da imagem (fixa ou em movimento, desenhada, gravada, pintada, fotografada ou filmada) e do som (magnético, disco ótico, computador, televisão). Da história da edição contemporânea faz parte também a edição de discos, de sons, de vídeos, CD-ROMs ou DVDs. Som e imagem podem ser considerados como outros tantos discursos não verbais emitidos por canais que são distintos entre si do ponto de vista técnico. Uma definição tão vasta foi proposta, uma vez mais, por Donald F. McKenzie (1986), que preferia definir a bibliografia ou a história do livro como uma "sociologia dos textos". Para esse autor, entretanto falecido, a renovação dos estudos bibliográficos passava por uma extensão dos seus métodos, até então aplicados apenas ao livro impresso, a todos os modos de registro. Para McKenzie, devemos também alargar o conceito de texto: um texto é qualquer sistema de signos dado a ler e gerador de significados, não apenas a linguagem escrita. Assim, tal como um livro, um filme pode ser estudado por meio da análise física do seu suporte (incluindo as suas diferentes cópias), dos recursos expressivos que a tecnologia permite ao

---

[8] Citado por FURTADO, José Afonso. *Os livros e as leituras. Novas ecologias da informação*. Lisboa: Livros e Leituras, 2000, p. 351.

seu autor, da narrativa e da retórica que o filme encerra. O filme pode, tal como o livro que nos ocupou ao longo deste texto, ser objeto de uma história social dos autores, da sua produção, da sua difusão e recepção. Trata-se também, e uma vez mais, de compreender as diferenças entre livros e filmes. Ao convidar-nos a um descentramento radical da posição do livro e a uma extensão da forma de trabalhar da bibliografia muito para além do seu objeto de estudo tradicional, McKenzie sugere-nos não uma diluição das diferenças entre os meios de comunicação, mas um trabalho mais rigoroso sobre eles: uma acumulação de saber erudito e bibliográfico sobre as características materiais e técnicas dos filmes, dos discos e dos aparelhos que os emitem. Os mais recentes objetos do historiador do livro e da leitura são portanto o computador e os arquivos digitais de todo o tipo que ele tem dentro: texto, imagem e som, rádio e televisão, discos, livros e jornais, cartas e anúncios publicitários, artigos científicos, romances e poemas.

CONCLUSÃO

O texto que você está lendo foi redigido, composto e paginado em computador. A sua impressão e encadernação decorreu de forma inteiramente mecanizada, também assistida por computador. Mas este texto não é exatamente igual ao arquivo digital de 280kb que, no início da feitura deste livro, o seu autor enviou para a editora. A forma inicial do texto foi alterada por revisores que lhe introduziram, com o consentimento do autor, pequenas correções no estilo e na ortografia. Ao texto alterado juntaram-se também ilustrações, assim como um trabalho gráfico que incidiu sobre o tipo de letra e a paginação. A escolha do papel e do aspecto da capa concluiu o trabalho de dar forma ao livro.

Este foi um dos aspectos que mais nos interessou aqui: afirmar que um livro e um texto não são a mesma coisa. Ao lado do texto encontramos num livro vários outros elementos não-verbais a que o leitor também dá sentido. Com a ajuda de autores como R. Chartier ou D. F. McKenzie, sublinhamos o fato de o discurso ou o texto não serem nunca independentes do livro (ou do jornal ou da carta ou de qualquer outro suporte da escrita) em que aparecem. A história do livro e da leitura atual não considera o texto como uma entidade puramente abstrata e, do mesmo modo, não considera o objeto que é o livro sem relação com o texto. Trata-se de não isolar essas duas dimensões que estão sempre presentes no jogo que se estabelece entre o discurso e a sua forma. Os sucessivos formatos do livro ao longo da história não são neutrais: eles implicam uma certa postura física de leitura e têm uma certa materialidade que afeta todas as componentes do livro, transmitindo significados não-verbais ao lado dos verbais. No livro não é só o texto que "fala"; é todo o conjunto, incluindo o suporte físico e a aparência gráfica, que é interpretado pelo leitor. São as diversas componentes dos livros que se abrem à leitura e à interpretação. Esses significados estavam abertos à leitura no passado e estão abertos no presente à interpretação do historiador, do crítico literário, do antropólogo ou de qualquer outro investigador que se interesse pela comunicação por meio da escrita. Anteriormente, existira como que uma separação de tarefas: algumas dessas disciplinas liam os textos, enquanto outras estudavam o livro enquanto objeto. O resultado era uma concepção empobrecedora do livro. O trabalho interdisciplinar atual corresponde então a um extraordinário enriquecimento do livro enquanto fonte histórica.

Se não é só o texto que transporta sentidos, se a forma em que ele aparece também o faz, a conseqüência lógica é que o autor do livro deixa de deter o seu monopólio criativo. Num livro há mais autores do que o nome do autor do texto que aparece na capa. Como referimos, o trabalho de escolher o aspecto gráfico, corrigir o texto, selecionar as imagens, definir a capa e a encadernação, constituem também atividades expressivas. Por outro lado, este livro faz parte de uma coleção, coordenada por outros autores, com uma filosofia editorial, um tamanho e um aspecto gráfico comuns. Todos esses aspectos, que vão contribuir também para influenciar a leitura que será feita do livro, são alvo de uma co-autoria. Ao publicarem os seus textos, transformando-o em livros, os autores tornam-nos suscetíveis de apropriações diversas que conduzem a alterações, mesmo que ligeiras, do sentido inicial pretendido. Se este livro tivesse sido publicado no século XVII, apesar das grandes diferenças técnicas no modo de produção de um livro impresso, esta mesma questão se colocaria. Inúmeros exemplos históricos, começando por Shakespeare, Cervantes e Vieira e outros autores famosos da história da literatura, mostram como o texto sofre sempre diversas interferências no percurso que o leva do autor até ao leitor. Demonstram-no também os intermináveis conflitos entre os autores e todos os intermediários que se colocam entre ele e o seu texto, tenham esses intermediários sido copistas medievais, impressores ou livreiros da época de Gutenberg, censores inquisitoriais, editores e filólogos oitocentistas ou encenadores teatrais dos nossos dias. Por fim, a idéia de que o autor não tem um poder total sobre o texto e sobre o seu sentido estende-se até ao próprio leitor: como defendeu Michel de Certeau, em sintonia com a teoria da literatura, a leitura é uma atividade criativa. O sentido deste texto, de qualquer texto, depende sempre da leitura que dele será feita. O texto que você está lendo só terminará quando os meus dedos pressionarem uma tecla de computador que dará origem a um sinal impresso com tinta que você interpretará como um ponto final.

Mas se este texto tivesse sido escrito no século XVII, era também possível que ele chegasse a alguns leitores noutra forma que não a impressa. No terceiro capítulo, insistimos no fato de, nessa época, o manuscrito e a oralidade serem também um modo de publicação das obras. Durante muito tempo, os historiadores identificaram a publicação de textos com o livro impresso esquecendo que, antes e depois de Gutenberg, existiram meios de comunicação do texto escrito para além dos que nos são mais familiares. Uma das tarefas do historiador do livro e da leitura é, assim, inserir os textos e os livros em contextos históricos e de comunicação distintos dos atuais. A eles correspondem modos de leitura também plurais, como o hábito de ler em voz alta e de ouvir ler.

Essa diversidade de hábitos de leitura mostra-nos como a leitura foi e é ainda uma prática partilhada, feita no interior da família, da igreja, da escola ou de uma outra comunidade qualquer. Mesmo quando a leitura é solitária, para a sua compreensão é necessário sair do texto e do livro e relacioná-lo com o mundo social dos leitores, com outros livros e leituras. Para além de relacionar o livro com o modo de ler em cada época, podemos também relacioná-lo com o mundo dos autores, com o mundo dos editores e o de todas as outras atividades que se ligam à produção do livro. Qualquer livro, em qualquer época, seja ele impresso ou manuscrito, traz em si, para além das marcas de um trabalho intelectual, marcas de práticas artesanais ou industriais, marcas de uma relação com o poder ou com outros indivíduos, marcas de um produto destinado a ser vendido ou trocado, marcas do estatuto social dos seus autores, marcas da relação do texto com o leitor, marcas de um uso da língua, enfim, marcas de um proprietário ou mesmo de um ato de leitura. Tudo o que está no livro, em qualquer livro, nos reenvia para fora dele.

Para retomarmos um exemplo que usamos, se abrirmos a primeira edição impressa das *Cartas* do Padre António Vieira, encontramos no frontispício uma série de nomes, locais e datas: o nome e uma vinheta tipográfica da oficina da Congregação do Oratório, em Lisboa, onde a obra foi impressa, em 1735; o nome de um membro do mais alto clero português da época, D. Nuno da Cunha e Ataíde, Inquisidor-Mor, a quem a obra foi dedicada pelo conde de Ericeira, que organizou a edição das *Cartas*; a referência às "licenças de impressão", indicando a sua aprovação pela censura. O livro do Padre Vieira não é apenas uma fonte para estudar a sua obra. Ela constitui, por meio destes e de inúmeros outros indícios, um documento para a história dos

CARTAS
DO
P. ANTONIO VIEYRA
da Companhia de JESU
TOMO PRIMEIRO.
OFFERECIDO
AO EMINENTISSIMO SENHOR
NUNO DA CUNHA
E ATTAYDE
Presbytero Cardeal da Santa Igreja de Roma do Titulo de Santa Anastasia, do Conselho de Estado, Guerra, e Despacho de Sua Magestade, Inquisidor Geral nestes Reynos, e Senhorios de Portugal.
LISBOA OCCIDENTAL,
Na Officina da Congregação do Oratorio.
M.DCC.XXXV.
Com todas as licenças necessarias.

Primeira edição impressa das cartas do Padre António Vieira, Lisboa, ofic. da Congregação do Oratório, 1735.

Oratorianos e da sua tipografia, para as relações sociais estabelecidas em torno da edição, para a história da censura. Mas isso implica compreender cada um destes elementos no seu contexto. A censura, por exemplo, ao contrário, do que acontece nos nossos dias, não era concebida na altura apenas como um instrumento a serviço do poder, voltado contra a liberdade de expressão dos autores. Os historiadores que se interessam por esse tema começaram recentemente a interessar-se pela censura na época moderna como sendo ela própria uma atividade intelectual, exercida por letrados que procuravam controlar a proliferação dos discursos, dos textos e das leituras na sociedade (Tavares, 1999).

Generalizando, podemos dizer que essa mesma necessidade de contextualização se aplica para os diversos temas da história do livro e da leitura: quando falamos dos catecismos em língua brasílica publicados pelos jesuítas no século XVII, isso remete-nos para a história das missões religiosas, das relações entre os colonizadores e os indígenas, para a história da língua no Brasil, formada a partir de diferentes idiomas; quando nos referimos às leituras dos Inconfidentes, elas reenviam-nos para o contexto político de Minas Gerais no final do século XVIII; quando nos debruçamos sobre os editores estrangeiros que se estabeleceram no Rio de Janeiro no século XIX, precisamos de os integrar no contexto das práticas comerciais e editoriais na época. A história do livro e da leitura torna-se então história cultural e social, história económica ou religiosa. Ela contribui para estudar a formação do espaço público e a vida privada, a propaganda política e a alfabetização, a afirmação do nacionalismo ou a cultura de massas. Como é evidente, o movimento só fica completo com um retorno dos contextos aos textos e aos livros, mas essa já é uma outra história. Ou é ainda a mesma: uma maneira de, na pesquisa, voltarmos sempre ao início.

REFERÊNCIAS BIBLIOGRÁFICAS

ABREU, Márcia (org.). *Leitura, história e história da leitura*. Campinas, SP: Mercado de Letras, Associação de Leitura do Brasil; São Paulo: Fapesp, 2000.

AMORY, Hugh e HALL, David D. (orgs.). *A History of the Book in America. Vol. I: The Colonial Book in the Atlantic World*. Cambridge, Massachusetts: Cambridge University Press, 2000.

BARATIN, Marc e JACOB, Christian (orgs.). *Le pouvoir des bibliothèques. La mémoire des livres en Occident*. Paris: Albin Michel, 1996.

BATISTA, Antônio Augusto Gomes e GALVÃO, Ana Maria de Oliveira. "Práticas de leitura, impressos, letramentos: uma introdução." In: BATISTA, Antônio Augusto Gomes e GALVÃO, Ana Maria de Oliveira (orgs.). *Práticas de leitura, impressos, letramentos*. Belo Horizonte: Autêntica, 1999, p. 11-45.

BATISTA, Antônio Augusto Gomes. "Um objeto variável e instável: textos, impressos e livros didáticos." In: ABREU, Márcia (org.). *Leitura, história e história da leitura*. Campinas, SP: Mercado de Letras, Associação de Leitura do Brasil. São Paulo: Fapesp, 2000, p. 529-575.

BÖDEKER, Hans Erich (org.). *Histoire du livre. Nouvelles orientations*. Paris: IMEC, 1995.

BOURDIEU, Pierre e CHARTIER, Roger. "La lecture: une pratique culturelle. Débat entre P. Bourdieu e R. Chartier." In: CHARTIER, Roger (org.). *Pratiques de la lecture*. Marselha: Rivages, 1985 (tradução para português In: CHARTIER, Roger. *Práticas de leitura*. São Paulo: Estação Liberdade, 1996).

BOUZA Alvarez, Fernando. *Del escribano a la biblioteca. La civilización escrita en la Edad Moderna (siglos XV-XVIII)*. Madrid: Sintesis, 1992.

CAVALLO, Guglielmo e CHARTIER, Roger (orgs.). *Histoire de la lecture dans le monde occidental* (1ª ed. em italiano 1995). 2ª ed. Paris: Seuil, 2001 (tradução para português: *História da leitura no mundo Ocidental*. São Paulo: Ática, 1998).

CERTEAU, Michel de. *A invenção do cotidiano. Artes de fazer*. (1ª ed. em francês 1980). Petrópolis: Vozes, 1994.

CHARTIER, Anne-Marie e HÉBRARD, Jean. *Discursos sobre a leitura: 1880-1980*. (1ª ed. em francês 1989). São Paulo: Ática, 1995.

CHARTIER, Anne-Marie e HÉBRARD, Jean. *Discours sur la lecture: 1880-2000*. 2ª ed. Paris: BPI/Centre Pompidou-Fayard, 2000.

CHARTIER, Roger. "L'Ancien Régime typographique: réflexions sur quelques travaux récents". In: *Annales. Économies, Sociétés, Civilizations*, ano 36, vol. 1, 1981, p. 191-209.

CHARTIER, Roger. "Du codex à l'écran: les trajectoires de l'écrit". In: *Solaris*, n.1, Presses Universitaires de Rennes, 1994. Disponível na *World Wide Web* em *http://www.info.unicaen.fr/bnum/jelec/Solaris/d01/1chartier.html* (acessado em 26/3/2002).

CHARTIER, Roger. "De l'histoire du livre à l'histoire de la lecture: les trajectoires françaises". In: BÖDEKER, H. E. (org.). *Histoires du livre. Nouvelles orientations*. Paris: IMEC, 1995.

CHARTIER, Roger. "Gutenberg Revisited from the East". In: *Late Imperial China*, vol. 17, 1, 1996, p. 1-9. Disponível na *World Wide Web* em *http://www.press.jhu.edu/demolate_imperial_china/17.1chartier.html* (acessado em 26/3/2002).

CHARTIER, Roger. "As revoluções da leitura no ocidente". In: ABREU, Márcia (org.). *Leitura, história e história da leitura*. Campinas, SP: Mercado de Letras, Associação de Leitura do Brasil; São Paulo: Fapesp, 2000, p. 19-31.

CHARTIER, Roger e MARTIN, Henri-Jean (orgs.). *Histoire de l'édition française. Vol. I: Le livre conquérant: du Moyen âge au milieu du XVIIe siècle* (1ª ed. 1983). 2ª ed. Paris: Fayard-Cercle de la Librairie, 1989.

CHARTIER, Roger e MARTIN, Henri-Jean (orgs.). *Histoire de l'édition française. Vol. II: Le livre triomphant: 1660-1830*. (1ª ed. 1984) 2ª ed. Paris: Fayard-Cercle de la Librairie, 1990.

CHARTIER, Roger e MARTIN, Henri-Jean (orgs.). *Histoire de l'édition française. Vol. III: Le temps des éditeurs: du Romantisme à la Belle époque*. (1ª ed. 1985). 2ª ed. Paris: Fayard-Cercle de la Librairie, 1990.

CHARTIER, Roger e MARTIN, Henri-Jean (orgs.). *Histoire de l'édition française. Vol. IV: Le livre concurrencé: 1900-1950.* (1ª ed. 1986). 2ª ed. Paris: Fayard-Cercle de la Librairie, 1991.

CHARTIER, Roger e ROCHE, Daniel. "O livro. Uma mudança de perspectiva." In: Jacques Le Goff e Pierre Nora (orgs.). *Fazer história. 3. Novos objectos.* (1ª ed. em francês 1974). Lisboa: Bertrand, 1987.

CURTO, Diogo Ramada, "Cultura escrita e práticas de identidade". In: BETHENCOURT, Francisco e CHAUDHURI, Kitti (orgs.). *História da expansão portuguesa. Vol. II: do Índico ao Atlântico (1570-1697).* Lisboa: Círculo de Leitores, 1998.

DARNTON, Robert. "Leitura, escrita e atividade editorial". In: DARNTON, Robert, *Boêmia literária e revolução: o submundo das letras no antigo regime.* (1ª ed. em inglês 1971). São Paulo: Companhia das Letras, 1987, p. 168-207.

DARNTON, Robert. "What is the history of books?". In: DARNTON, Robert. *The Kiss of Lamourette. Reflections in Cultural History.* Nova Iorque e Londres: W. W. Norton & Company, 1990, p. 107-135 (tradução para português: DARNTON, Robert. *O beijo de Lamourette. Mídia, cultura e revolução.* São Paulo: Companhia das Letras, 1990).

DARNTON, Robert. *O Iluminismo como negócio: história da publicação da Enciclopédia, 1775-1800.* (1ª ed. em inglês 1979). São Paulo: Companhia das Letras, 1996.

DOMINGOS, Manuela D. *Livreiros de setecentos.* Lisboa: Biblioteca Nacional, 2000.

EISENSTEIN, Elizabeth E. *A revolução da cultura impressa: os primórdios da Europa moderna.* (1ª ed. em inglês 1979). São Paulo: Ática, 1998.

FONTAINE, Laurence. *Histoire du colportage en Europe.* Paris: Albin Michel, 1993.

FURET, François, "La librairie du Royaume de France au XVIIIe siècle". In: BOLLEME, Geneviève et al. *Livre et société dans la France du XVIIIe siècle.* Paris e Haia: Mouton & Co., 1965, p. 3-32 (tradução para português. In: FURET, François. *A oficina da história.* Lisboa: Gradiva, s.d.).

FURTADO, José Afonso. *O que é o livro.* Lisboa: Difusão Cultural, 1995.

FURTADO, José Afonso. *Os livros e as leituras. Novas ecologias da informação*. Lisboa: Livros e Leituras, 2000.

GALVÃO, Ana Maria. *Ler/Ouvir Folhetos de Cordel em Pernambuco (1930-1950)*. Belo Horizonte: tese apresentada ao Curso de Pós-Graduação em Educação da Faculdade de Educação da Universidade Federal de Minas Gerais, 2000. Disponível na *World Wide Web* em *http://www.unicamp.br/iel/memoria/Teses/index.html* (acessado em 26/3/2002).

GINZBURG, Carlo. *O queijo e os vermes. O cotidiano e as idéias de um moleiro perseguido pela inquisição*. (1ª ed. em italiano 1976). São Paulo: Companhia das Letras, 1987.

GREENBLATT, Stephen. "O Novo Historicismo: ressonância e encantamento." In: *Estudos Históricos*. vol. 4, n. 8, 1991, p. 244-261. Disponível na *World Wide Web* em *http://www.cpdoc.fgv. br/revista/ asp/dsp_edicao.asp?cd_edi=22* (acessado em 26/3/2002).

GREENSPAN, Ezra e ROSE, Jonathan. "An introduction to *Book History*." In: *Book History*. vol. 1, 1998. Disponível na *World WideWeb* em *http://muse.jhu.edu/journals/bh/toc/bh1.1.html* (acessado em 2/4/2002).

HALL, David D. *Cultures of Print: Essays on the History of the Book*. Amherst, Massachusetts: University of Massachusetts Press, 1996.

HALLEWELL, Laurence. *O Livro no Brasil: sua história*. (1. ed. em inglês 1982) São Paulo: T. A. Queiroz Editor, 1985."

HANSEN, João Adolfo. *A sátira e o engenho. Gregório de Matos e a Bahia do século XVII*. São Paulo: Companhia das Letras: Secretaria de Estado da Cultura, 1989.

HANSEN, João Adolfo. "Leituras coloniais". In ABREU, Márcia (org.). *Leitura, história e história da leitura*. Campinas, SP: Mercado de Letras, Associação de Leitura do Brasil; São Paulo: Fapesp, 2000, p. 169-182.

HELLINGA, Lotte e TRAPP, J. B.. *The Cambridge History of the Book in Britain*, vol. 3, 1400-1557. Cambridge: Cambridge University Press, 1999.

JAUSS, Hans Robert. *A literatura como provocação*. (1ª ed. em alemão 1967). Lisboa: Vega, 1993.

LOVE, Harold. *The Culture and Commerce of Texts. Scribal*

Publication in Seventeenth-Century England, (1ª ed. 1993). Amherst, Massachusetts: University of Massachusetts Press, 1998.

MARQUILHAS, Rita. *A faculdade das letras. Leitura e escrita em Portugal no séc. XVII*. Lisboa: Imprensa Nacional/Casa da Moeda, 2000.

MARTIN, Henri-Jean. *Le livre français sous l'Ancien Régime*. Paris: Promodis, 1987.

MARTIN, Henri-Jean; FEBVRE, Lucien. *O aparecimento do livro*. (1ª ed. em francês 1958). Lisboa: Fundação Calouste Gulbenkian, 2000 (edição brasileira: São Paulo: UNESP, 1992).

MCLUHAN, Marschall. *A Galáxia de Gutenberg. A formação do homem tipográfico*. (1ª ed. em inglês 1962) 2ª ed. São Paulo: Editora Nacional, 1977.

MCKENZIE, Donald F. *Bibliography and the Sociology of Texts*. The Panizzi Lectures 1985. Londres: The British Library, 1986.

MCKENZIE, Donald F. "History of the book". In: DAVISON, Peter (org.). *The book encompassed. Studies in Twentieth-Century Bibliography*. Cambridge, Massachusetts: Cambridge University Press, 1992, p. 290-301.

MONTEIRO, Nuno Gonçalo (org.). *Meu pai e meu senhor muito do meu coração. Correspondência do conde de Assumar para seu pai, o marquês de Alorna*. Lisboa: ICS/Quetzal Editores, 2000.

MOUREAU, François (org.). *De bonne main. La communication manuscrite au XVIIIe siècle*. Paris: Universitas e Oxford: Voltaire Foundation, 1993.

NIZZA DA SILVA, Maria Beatriz. "História da leitura luso-brasileira: balanços e perspectivas". In: ABREU, Márcia (org.). *Leitura, história e história da leitura*. Campinas, SP: Mercado de Letras, Associação de Leitura do Brasil; São Paulo: Fapesp, 2000, p. 147-164.

ONG, Walter. "The writer's audience is always a fiction". *PMLA*, 90, janeiro 1975, p. 9-21.

PETRUCCI, Armando. *La scrittura. Ideologia e rappresentazione*. Torino: Einaudi, 1986.

PETRUCCI, Armando. "Lire pour lire". In: CAVALLO, Guglielmo e CHARTIER, Roger (orgs.). *Histoire de la lecture dans le monde occidental*. 2ª ed. Paris: Seuil, 2001, p. 431-457.

ROCHE, Daniel. "Le livre, un objet de consommation entre l'économie et la lecture". In: BÖDEKER, Hans Erich (org.). *Histoire du livre. Nouvelles orientations*. Paris: IMEC, 1995, p. 225-240.

SAENGER, Paul. "A Separação entre Palavras e a Fisiologia da Leitura." In: Olson, David R. & Torrance, Nancy (orgs.). *Cultura Escrita e Oralidade*. São Paulo: Ática, 1995, p. 211-227.

SAENGER, Paul. *Space Between Words. The Origins of Silent Reading*. Stanford, California: Stanford University Press, 1997.

SGARD, Jean. "La multiplication des périodiques". In: CHARTIER, Roger e MARTIN, Henri-Jean (orgs.). *Histoire de l'édition française. II. Le livre triomphant, 1660-1830*. (1ª ed. 1984) 2ª ed. Paris: Fayard-Cercle de la Librairie, 1990, p. 247-255.

SILVA, Inocêncio Francisco da e ARANHA, Brito. *Diccionario Bibliographico Portuguez*. (1ª ed. 1858-1923). Ophir-Biblioteca Virtual dos Descobrimentos Portugueses (9). Lisboa: Comissão Nacional para as Comemorações dos Descobrimentos Portugueses, 2001.

SKINNER, Quentin. *As fundações do pensamento político moderno*. (1ª ed. em inglês 1978). São Paulo: Companhia das Letras, 1996.

SOUZA, Laura de Mello (org.) e Novais, Fernando A. (coord.). *História da vida privada no Brasil. 1. Cotidiano e vida privada na América portuguesa*. São Paulo: Companhia das Letras, 1997.

TAVARES, Rui. "Lembrar, esquecer, censurar". In: *Estudos Avançados*, 13 (37), 1999, p. 125-154.

VILLALTA, Luís Carlos. "O que se fala e o que se lê: língua, instrução e leitura". In: SOUZA, Laura de Mello (org.) e Novais, Fernando A. (coord.). *História da vida privada no Brasil. 1. Cotidiano e vida privada na América portuguesa*. São Paulo: Companhia das Letras, 1997, p. 331-385.

CRÉDITO DAS IMAGENS

Apresentação

p. 12 - Foto: Paolo Picciotto.

p. 14 - Gravura em talha-doce da *Encyclopédie*, de Diderot e d'Alembert. (Cortesia da Biblioteca Civica Berio de Gênova, Itália).

p. 14 - Gravura em talha-doce de Abraham Bosse. (Cortesia da Biblioteca Civica Berio de Gênova, Itália)

Capítulo I - Do livro digital ao livro impresso

p. 21 - Óleo sobre tela de Richard Thomas Moynan, "Girls reading a newspaper", 1885.

p. 26 - Acervo da Biblioteca Nacional, Rio de Janeiro, p. 28.

p. 28 - Biblioteca do Congresso dos Estados Unidos da América, Washington.

p. 35 - Foto: Paolo Picciotto.

Capítulo II - O que é a história do livro e da leitura?

p. 42 - Gravura em talha-doce da obra de André Thevet, *Vrais portraits et vies des homes illustres*, 1584. (Cortesia da Biblioteca Civica Berio de Gênova, Itália)

p. 48 - Acervo da Biblioteca Nacional de Lisboa.

p. 57 - Arquivo Histórico Ultramarino. Portugal.

p. 58 - Cortesia da Biblioteca Civica Berio de Gênova, Itália

p. 58 - http:/www.libroantiguo.com

p. 65 - Foto: Paolo Picciotto.

Capítulo III - Para além do livro impresso

p. 77 - Padre José Anchieta, *Arte de grammatica da lingoa mais usada na costa do Brasil*, Coimbra, 1595.

p. 83 - Acervo da British Library, Londres.

p. 87 - *Padre António Vieira, 1608-1697*: catálogo da exposição. Lisboa: Biblioteca Nacional de Lisboa, 1997.

p. 89 - http:/www.unicamp.br/iel/memorial

p. 93 - Foto: Leonardo Lara.

p. 95 - Foto: Eduardo Queiroga/*Revista Nova Escola/Abril Imagens.*

p. 104 - *Padre António Vieira, 1608-1697*: catálogo da exposição. Lisboa: Biblioteca Nacional de Lisboa, 1997.

OUTROS TÍTULOS DA COLEÇÃO
História &... Reflexões

História & Imagem

Autor: Eduardo França Paiva

Eduardo Paiva traz-nos nesse livro uma temática importante para os nossos dias: a imagem. A história se faz com fontes e a imagem é uma fonte que oferece beleza e profusão de detalhes do passado; contribui, também, para o melhor entendimento das formas pelas quais, no passado, as pessoas representaram suas vidas e se apropriaram da memória, individual e coletivamente. Imagens são, e de maneira não necessariamente explícita, plenas de representações do vivenciado e do visto e, também, do sentido, do imaginado, do sonhado, do projetado. Essas figurações de memória integram a base de formação e de sustentação do imaginário social, com o qual, queiramos ou não, convivemos cotidianamente.

História & Música – *História cultural da música popular*

Autor: Marcos Napolitano

Marcos Napolitano, apoiado em sólidas bases teóricas, faz uma análise histórica das diversas vertentes musicais e culturais que construíram a música popular brasileira, em suas diversas formas, gêneros e estilos. Esse livro realça o fato de que o Brasil é, sem dúvida, uma das grandes usinas sonoras do planeta e um lugar privilegiado não apenas para *ouvir* música mas também para *pensar* a música já que ela tem sido a intérprete de dilemas nacionais e veículo de utopias sociais. A música, sobretudo a chamada "música popular", ocupa o lugar das mediações, fusões, encontros de diversas etnias, classes e regiões que formam o nosso grande mosaico nacional. A partir de uma mirada local, é possível pensar ou repensar o mapa mundi da música ocidental.